梅棹忠夫の京都案内

梅棹忠夫

文庫版のためのまえがき

京都は学都といわれるように、他郷からきて、この都市で学業をおさめるひとがすくなくない。わたしはこの都にうまれて、そだった人間として、これら他郷出身の人たちに京都についての知識を解説させられることがたびたびあった。それらの話をあつめたものが『梅棹忠夫の京都案内』(角川選書)である。(註1)。これがこのほど角川ソフィア文庫の一冊にくわえられることになった。

わたしの京都論は『梅棹忠夫の京都案内』一冊だけでなく、ひきつづいて、おなじく角川選書で『京都の精神』および『日本三都論——東京・大阪・京都』として刊行された(註2)。わたしはこれらを京都論三部作とかんがえて、著作集の第一七巻『京都文化論』におさめたのである(註3)。

選書版の『京都案内』が世にでたのは一九八七年であるが、本文の各論稿を発表したのはかなり昔のことで、一九五一年から六五年ごろにわたっている。こういうふるい起源をもつ書物が、今日また文庫の一冊としてよみがえることになったというのは、いったいどういうことであろうか。著者としてまことにふしぎな気がする。京都は、やはり「ときのうごかぬ都」（チッタ・エテルナ）なのであろう。

二〇〇四年八月

梅棹忠夫

（註1）梅棹忠夫（著）『梅棹忠夫の京都案内』（角川選書）一九八七年五月　角川書店
（註2）梅棹忠夫（著）『京都の精神』（角川選書）一九八七年八月　角川書店
梅棹忠夫（著）『日本三都論——東京・大阪・京都』（角川選書）一九八七年一一月　角川書店
（註3）梅棹忠夫（著）「梅棹忠夫著作集」第一七巻『京都文化論』一九九二年一〇月　中央公論社

本文末に＊で示した註は、最新の情報にあらためた。

まえがき

京都の人間は、他郷のひとを案内して、京都についてかたったりすることをあまりこのまないものである。上洛客《じょうらく》と市民とのあいだには、ふかい溝ないしは堀があって、おたがいをへだてている。他郷の客が京都をとおりぬけることをこばみはしないが、市民はおおむね無関心に見おくる。市民は市民、客は客である。

それが、きっすいの京都市民であるところのわたしとしたことが、「京都案内」の本をつくってしまった。なんとしたことか。まことにはしたないことよ、というおもいにかられている。意図してこのような本をつくろうと力んだわけではない。地方からの来訪者や京都に遊学する人たちから、いろいろな機会に、京都についての解説をもとめられるままにかきしるしてきたものが、ずいぶんの量になった。それをひとつの書物にまとめたまでのことである。

「京都案内」のたぐいは、数百年のむかしから、それこそ数かぎりもなく出版されている。そのうえにさらに一冊をくわえるわけだが、この本はその風味において、他のものとはひと味ちがうものになったのではないか、とおもっている。あまいかからいかはわからないが、これはこれで、多少のお役にたつこともあろうかとおもっている。

京都のひとが京都のことを、他郷のひとにあまりかたりたがらないというのは、そういうことをすれば、ついつい他郷のひとに対して、心の底にもっている気もちがことばのはしばしにでてしまい、相手の気もちをさかなですることがあるからだろう。わざわざきてくれたお客に不愉快なおもいをさせることはない。口をつぐんだほうが賢明であろう。

この本『梅棹忠夫の京都案内』の内容も、京都の市民には常識であり、共感をよぶ部分もおおかろうが、他郷のひとには、かならずしもこころよくひびかない部分もあろうかと案じている。そこは、京都の人間の度しがたい中華思想のあらわれと、わらって見すごしていただきたい。

こういう本をまとめてはどうかというすすめを角川書店からうけて、わたしもその気になって準備をはじめてから、すでに七年ばかりになる。多忙にまぎれて、作業はいっこうに進捗《しんちょく》せず、原稿と資料は冷凍庫にはいったままになった。こんどようやくとりだして、解凍作業をおこない、どうやら原稿をわたせるところまできた。

京都は、比較的ゆるやかに時間のながれる都市で、ほかの都市ほどめざましい変化はないけれど、それでもなにほどかの推移はあった。本書の条項の執筆年代は、かなりの年月にわたっているので、現在は状況がことなっている場面もすくなくない。徹底的に現状にあわせて修正することは困難であるが、いくつかの点には＊印をつけて、文末に現状を註《ちゅう》記《き》した。各項の執筆年代および、掲載紙などについては各項の解説のなかにしるした。解説および追記の部分は、一九八六年一一月の執筆である。なお内容には多少の重複もあるが、その点はおゆるしをいただきたい。

じつは、わたしは昨年（一九八六）の三月以来、両眼の視力を喪失して、自分ではよむことも、かくこともできない状態にある。本書の編集にあたっても、協力者の手を――なによりも目を――借りなければならなかった。盲目者がこの種の作業をおこなうには、おそろしく手間と時間がかかるものであることを痛感した。協力者のかたがたの努力に感謝したい。本書をまとめるにあたっては、近藤敦子氏に全篇の構成、および「京ことばのしおり」の執筆に協力をしていただいた。しるして謝意を表したい。協力者の努力にもかかわらず、なお、見おとしやまちがいがありうるかもしれない。それはいうまでもなく著者の責任である。原稿の完成を根気よくまっていただいた角川書店のみなさんには、ほんとうにごめいわくをおかけした。ふかくおわびする次第である。またそれぞれの文章をかく機会をあたえてくださり、さらに本書に収録することをゆるしていただいた各誌、各社のご厚意に感謝したい。

一九八七年二月

梅棹忠夫

梅棹忠夫の京都案内　目次

Ⅴ　京都点描

I 京都案内

京都へのいざない

解説

一九五八年冬、NHK教育テレビでは、学校放送「テレビの旅」のシリーズのひとつとして、「古き都・京都」という番組を放映した。わたしは、その解説を担当した。京都についてわたしがテレビではなしたなかでは、もっともふるいものであろう。青少年むけの番組であったので、平易と簡明をむねとするものであった。

さいわい、そのときのガリ版ずりの台本がのこっていたので、ここにこれを収録した。もともとテレビ番組であるので、映像ぬきではわかりにくい点はあるが、わかいひとむきの京都へのイントロダクションとして、多少、役だつかとおもう。

放映は一九五八年一二月二日の午前におこなわれた。キー・ステーションは、大阪放送局(JOBK・TV)であった。

ここに収録するにあたって、年代、数字その他は現時点(一九八七年)のものにあらため、多少の加筆訂正をおこなった。表題も「京都へのいざない」とあらためた。

盆地

東海道新幹線で大阪から京都にむかうと、山崎天王山《てんのうざん》のところで、両側に山がせまった谷間《たにあい》をくぐりぬけて、京都盆地にはいります。最初に左手にみえてくる山が西山連峰、そのつづきにいちばんたかいのが愛宕山《あたごやま》（九二四メートル）です。京都駅にちかづくと、北のかなたにふかい山のつらなりがみえます。これはだいたい標高が一〇〇〇メートル以下の、比較的ひくい山ですが、かさなりあって京都盆地の北の壁をつくっています。さらに東側に、断然おおきくみえるのが比叡山《ひえいざん》（八四八メートル）です。その比叡山から南につらなっているのが東山連峰です。京都は西山連峰と愛宕山、北山連峰、そして比叡山と東山連峰の三つの山のつらなりにかこまれた、広大な盆地です。日本のような山国に、よくもこんなにおおきな盆地があったものだと、あきれるばかりのおおきなものです。

盆地の底は、北から南にかけて、ゆるやかな傾斜になっています。そしてその中央やや東よりを賀茂川《かもがわ》が、北から南へまっすぐにつらぬいています。盆地の西のはしは、京都北山に源を発する大堰川《おおいがわ》が貫流し、南からは木津川が流入して、それと琵琶湖《びわ》からあふれでた宇治川が合流し、さらに賀茂川も大堰川もすべていっしょになって淀川《よどがわ》となり、山崎天王山の谷間をとおって、大阪のほうへとながれでているわけです。

京都盆地は三方を山にかこまれ、南の一方だけがあいています。ここが南山城地区で、そのままゆるやかな丘陵をへだてて、奈良盆地へとつながっています。

東海道線は、新幹線も在来線も京都市街のいちばん南のはしをかすめてとおっているだけであって、それをとおったからといって、京都をとおったことにはなりません。京都の市街の大部分は、鉄道から北にひろがっています。

京都の町もちょっとみると、すっかり近代的な都市になってしまいまして、むかしのおもかげはどこにもないようにみえますが、よくみると、町のなかのいたるところに、ふるいお寺や、むかしの建築物が、おおきな瓦《かわら》屋根をみせているのに気がつきます。それどころか、一〇〇〇年ものながいあいだ、ここが日本の中心であったわけですから、町じゅういたるところが、歴史上のいわれのある土地ばかりであります。もし、ほんとうに京都の名所旧跡をたんねんにみてまわろうとおもったら、まあ一ヵ月、いやそれ以上はかかるものと覚悟しなければならないのであります。

世界で、一〇〇〇年以上にわたって繁栄している大都市というのは、そうおおくはありません。京都は、パリやローマとならんでそのひとつです。ここには日本の歴史の大部分が凝縮されて、比較的完全なかたちで保存されているので、日本を理解するために、外国からも日本国内からも、京都をおとずれるひとはたえません。

京都の地図をひろげると、いたるところに史跡がのこされていることがよくわかります。みなさんも、ぜひ京都へいらして、自分自身の目で歴史のあとをたしかめていただきたいとおもいます。

都つくり

京都はまもなく、建都一二〇〇年をむかえます。それを記念して、さまざまな行事の企画が進行中です。京都に都がさだめられたのは、延暦《えんりゃく》一三（七九四）年のことであります。それまでは奈良に都がありました。しかし奈良からすぐに京都にうつったのではなくて、一〇年ばかりのあいだ、西南の、現在の長岡京市に都つくりをはじめたのです。それがてきあがらないうちに、いまの京都にあたらしい都つくりがはじめられたのであります。奈良の都を平城京とよんだのに対して、あたらしい都を平安京とよぶことになりました。

桓武《かんむ》天皇の使者が、都をさだめるのに適した土地をもとめて、京都盆地にはいってきたとき、京都盆地の景観はどういうものであったでしょうか。おそらくは山にかこまれたひろい盆地に、うっそうたる闊葉樹《かつようじゅ》がしげっていて、そのまんなかを賀茂川の自由奔放ながれが、ひろい氾濫原《はんらんげん》を形成していたにちがいありません。

そして先住民はおりました。とくに西のほうに、秦《はた》氏を中心とする渡来人の集団が定着しており、北山、東山の各山麓《さんろく》には、農耕地があったはずです。現在、京都にのこっているいくつかのふるい神社、八坂《やさか》神社（祇園《ぎおん》さん）、北白川《きたしらかわ》の天神さん、下鴨《しもがも》神社、それから今宮神社、西の松尾神社、これらの神社はそういう盆地の先住民たちの神さまであったものとおもわれます。

現在の京都の町を空からみると、道が整然と、碁盤目のように、たてよこ十文字にはしっているのがわかります。

桓武天皇がむかし、ここに都をおつくりになるときの、都市計画のはじめから、やはりこのように碁盤目になっていたのであります。

あたらしい都の都市計画のモデルになったのは、当時の極東の大帝国、唐の都、長安と洛陽《らくよう》であったといわれています。今日でも京都を洛陽になぞらえて、京都市内、市外のことを洛中・洛外とよび、また地方から京都にくることを「上洛する」といいます。

平安京は、いまの京都とくらべると、ずっと西よりになっています。北から東西に、一条大路、二条大路と、九条までありました。またまんなかに、南北にはしる朱雀大路《すざくおおじ》とよばれるおおきな道があり、その西側を右京《うきよう》、東側を左京《さきよう》とよんでおりました。いまでも右京・左京の名はのこっています。その後、右京のほうは発展しないで、町は賀茂川をこえて、どんどん東のほうへ発展してしまったのです。

＊　京都は一九九四年に建都一二〇〇年をむかえた。それを記念して、さまざまな行事がおこなわれました。

宮廷と貴族たち

ちょうど、朱雀大路の北端にあたる位置に、いま、おおきな石碑がひとつあり、大極殿《だいごくでん》址《し》、とかいてあります。このへんが、むかしの宮廷の中心にあたります。いまの平安神宮の拝殿は、当時の大極殿の形をまねてつくったものといわれています。あおい瓦、朱ぬりの柱、たいへんうつくしい建物でありますが、むかしの大極殿はこのとおりの形で、おおきさはこの二倍ちかくもあったというのですから、ひじょうにりっぱなものだったにちがいありません。大極殿というのは、その当時、天皇が政治をとられた宮殿であります。

現在の京都御所はずっと後世にできたもので、むかしの平安京の宮殿のあったところとは、位置もすっかりちがっていますし、建物もまったくちがう形のものになっています。明治維新まで、歴代の天皇は、おおぜいの貴族や女官たちにとりかこまれて、ここでくらしておられたわけであります。天皇は、現在は東京におすまいになっていますが、即位の式は昭和天皇までは、やはり京都にかえって、この京都御所でおあげになりました。

また、平安京にもどりましょう。朱雀大路の南のはしに、羅城門《らじょうもん》という門があったのですが、いまは、なにものこっておりません。その両側に、おおきなお寺がふたつありました。左京のが東寺《とうじ》（教王護国寺）、右京のが西寺《さいじ》、いまは西寺はすっかりなくなって、東寺だけがのこっています。東寺のいちばんはじめの住職は弘法《こうぼう》大師すなわち空海で、いまでもお大師さまの日、つまり毎月二一日には、東寺でおおきな縁日がひらかれます。この寺の五重の塔は、日本でいちばんたかい塔であります。

毎年五月の一五日には、下鴨の御祖《みおや》神社と上賀茂の別雷《わけいかずち》神社のお祭があります。これを葵祭《あおいまつり》とよんでいますが、そのときの行列は、平安時代の貴族の行列そのままであるといわれています。

当時の貴族は、京都の市内のあちこちに、りっぱな屋敷をかまえ、池のあるおおきな庭園をつくり、ぜいたくなくらしをしていたのであります。その人たちはまた、京都の郊外に、それぞれのこのみにしたがって、豪奢《ごうしゃ》な別荘をつくりましたが、いまではあまりのこっていません。

あたらしい都ができて、宮廷を中心に、文化がさかえました。たくさんの勅撰《ちょくせん》和歌集があまれたり、紫式部の源氏物語その他の文学の花がさいたのも、この古代の京都でありました。

武士の時代

平安時代、つまり京都の古代を貴族の時代とすると、つぎの京都の中世は武士の時代であります。源氏と平家があいあらそって、京都を中心にはげしい政権争奪戦がくりかえされました。最後には木曾《きそ》から源義仲が京都にせめのぼり、さらに源義経がその義仲追討のために都にはいります。これらのいなか武士たちの権力争奪戦を、京都の人たちはひややかに見まもり、見おくったのであります。

源頼朝が征夷大将軍《せいいたいしょうぐん》に任じられ、鎌倉に幕府をひらいてから、日本の政治の実権は東国にうつりました。しかし、その後、足利尊氏《あしかがたかうじ》によって室町幕府がひらかれ、京都はふたたび政治の中心になりました。この時代を将軍の邸宅の所在地の名をとって、室町時代といいます。

京都には、もちろんいくつもその時代のものがのこっていますが、きょうはまずお寺だけを見物しましょう。

三十三間堂（ほんとうの名は蓮華王院《れんげおういん》といいます）は、一三世紀、鎌倉時代にできた建物ですが、じつは、こういうながい建物をたてて、そのなかにたくさんの仏さまをならべるというやりかたは、それよりだいぶんまえからあったようで、平安時代の末ごろには三十三間堂はいくつもあったらしいのです。いまはひとつしかのこっていません。

現在、京都の洛中・洛外には、禅宗のお寺がいくつもあります。南禅寺、相国寺《しょうこくじ》、東福寺、建仁寺《けんにんじ》、天龍寺、妙心寺、大徳寺などみんなそうです。これはお寺であるとともに、中世における大学なのです。学問をしたいひとは、みんなお寺にはいって坊さんになりました。この伝統はいまでもつづいています。老師とよばれる先生の坊さんがいて、たくさんの学生の坊さんがお寺のなかで勉強したり修行したりしています。そういう学生の坊さんを雲水《うんすい》といいますが、いまでも京都の町には、雲水の姿をよく見かけます。

有名な金閣寺（鹿苑寺《ろくおんじ》）、銀閣寺（慈照寺《じしょうじ》）なども、この時代に足利将軍の別荘としてつくられたものであります。

京都にはおおきなお寺がたくさんありますが、浄土宗の知恩院《ちおんいん》と、浄土真宗の西本願寺と東本願寺は、とくにおおきく有名であります。西本願寺が京都にできるのは、秀吉のころであります。もともと京都は平安時代以来、ひじょうに仏教のさかんな都でありますが、どちらかといえば貴族的な宗教であったわけで、それが浄土宗や真宗のような大衆的宗教があらわれはじめたのは、やはり中世のことでありました。

京都はまた芸能の町です。現在でも謡《うたい》や能、狂言などがたいへんさかんで、能楽堂があってお能が上演されています。これもやはり、中世、室町時代に京都で発達した芸能のひとつであります。

町衆の活気

中世のおわり、京都は、応仁・文明の乱という戦争のために、町の大部分がやけてしまったのでありますが、まもなく市内は活発な商人たちの活動によってすっかり復興し、活気を呈してきます。

室町時代がおわって、いわゆる戦国時代となりますが、けっきょく、名目的な足利将軍をおいはらって、織田信長が京都にはいり全国を統一します。そのあとをうけて、豊臣秀吉の天下となります。

大阪夏の陣で大阪城が落城し、政治の権力は徳川家康のにぎるところとなり、政治の中心はふたたび東国の江戸にうつりました。

宮廷は京都にのこり、貴族たちと上層町人との交遊のなかから華麗な寛永文化がうまれます。桂離宮もこの時代につくられたものです。

嵐山《あらしやま》の奥に、大悲閣という寺があります。そこに、角倉了以《すみのくらりようい》というひとの像がまつってあります。たいへんこわい顔をしていますが、このひとこそは、近世初頭の京都にあらわれたひじょうな英傑であります。町人で貿易商でありますが、おおきな船をつくって海外に派遣し、その利益で巨万の富をきずいたひとであります。二条の木屋町《きやまち》に角倉家の倉庫があり、伏見からそこまで貿易品をはこぶために運河をほりました。それが、いまものこっている高瀬川であります。ごくあさい川ですから、この川でつかう舟は、とくべつに底のたいらな舟で、それを高瀬舟とよんでおりました。

京都の祭といえば、だれでもきっと祇園祭《ぎおんまつり》をおもいうかべることとおもいます。ほんとうに活気にみちたはなやかな、文字どおり日本一のお祭ですが、あれは、じつは京都の町人のお祭なのです。さっきの葵祭が、古代以来の朝廷と貴族のお祭だとすれば、祇園祭は、近世の町人たち——町衆《まちしゅう》とよんでおりますが——その町衆のお祭なのです。当時、京都の市中には角倉家、あるいは茶屋家のように、海外貿易でもうけた大金もちをはじめ、たくさんの町人がすんでいて、ひじょうないきおいをえてきました。町人というのは、表通りに店をかまえた不動産所有者のことです。祇園祭は、そういうあたらしくおこってきた町人階級の人たちが、自分たちのいきおいをみせるための、デモ行進のようなものとかんがえればよろしいでしょう。もちろん、町人のしたには、町人になれない貧乏な人たちがたくさんいたわけですが、祇園祭の鉾《ほこ》のうえにのってコンコンチキチンをはやしているのは、その金もちの町人の旦那衆《だんなしゅう》で、鉾のつなをひっぱっているのは、町人になれない裏店《うらだな》にすむ貧乏な人たちだったのです。いまは、鉾のつなひきには、大学の学生さんたちで、アルバイトで出ているひとがおおいようです。

祇園祭の鉾の柱は、海外貿易が禁止になったので、不用になった貿易船の帆柱を利用したものというい いつたえがあります。

産業都市の伝統

京都というと、あまり産業のない町のようにおもうひとがおおいのですが、そうではないのです。近世の京都は、大阪とならんで一大商工業都市なのです。鎖国で海外貿易がとめられてからも、商業はさかんですし、それに織物にかけては、世界有数の工業都市だったのです。いまでも、西陣織などに、その伝統がつたえられているわけです。

また、染物もさかんで、京染、友禅とよばれる、ひじょうに優美な染物がつくられています。鴨川のうつくしい水であらい、鴨川の川原にひろげてかわかすのです。

幕末の京都は、日本における革命運動の中心地になります。とうとう慶応三（一八六七）年、ときの将軍徳川慶喜《よしのぶ》は、二条城の上段の間に諸国の大名をあつめて、政治の実権を朝廷にかえすということをきめたのです。いわゆる大政奉還です。そして、翌年は明治元（一八六八）年でありますが、都は東京へうつることになったのです。

首都は東京へうつりましたが、京都市民はあたらしい時代のうごきにたいへん敏感で、明治にはいってからも、教育設備なんかも全国のどこよりもはやくつくったのです。中《なか》京の柳池校《ぎょうりゅうち》というのは、明治二年にできています。* これが、日本最初の小学校であります。また、現在の洛北高校、戦前の京都府立京都第一中学校は、日本最初の中学校でしたし、現在の鴨沂《おうき》高校、戦前の京都府立京都第一高等女学校は、やはり日本最初の女学校であります。また、琵琶湖から疏水《そすい》という運河をつくって水をひいて、日本最初の水力発電がはじまりました。そして日本で最初に市街電車がはしったのも、また京都であります。はげしい戦争のあいだにも、さいわいにして京都は戦災をまぬがれて、やけずにのこりました。

＊ 現在は京都市立柳池中学校

永遠の都

現在、京都市は人口一四七万、一一の区からなりたっています。上京《かみぎょう》、中京、下京《しもぎょう》、右京、左京、東山《ひがしやま》、伏見、北、南、西京《にしきょう》、山科《やましな》の一一区です。京都市は、もちろん京都府の一部分であります。そして京都府庁も、京都市内におかれています。京都府というのは、むかしの国の名まえでいうと、山城《やましろ》の国と、丹波《たんば》の国の大部分と、そして丹後《たんご》の国の三つからなりたっています。現在の京都市は、その山城の国の北半分をしめています。

明治のはじめに天皇が東京へおひっこしになり、日本の首府が東京にうつってしまうと、一時、京都はたいへんさびれて、人口二〇万くらいまでへってしまったことがあります。

しかし、その後一二〇年のあいだに、京都の市民はたいへん努力をして、産業をおこし、町の近代化をはかりましたので、いまではすっかりりっぱな大都市になりました。

都が東京にうつるとともに、京都は政治の中心ではなくなったのでありますが、その後は、現在にいたるまで、京都はやはり日本における文化の一大中心であります。学問と、芸術と、宗教の都であります。

たとえば、京都には現在、京都大学、同志社大学、立命館大学などをはじめとして、全部で四年制の大学が二三校あります。全国からたくさんの学生さんがあつまってきて、勉学しております。市の総人口のうち、一一人にひとりは大学生で、市民の総体にくらべると、学生の数のしめる比率は、ひとつの都市としては、異例におおいといわなければなりません。

京都は歴史的な名所旧跡がたくさんのこっているために、観光都市だとおもっているひともすくなくありませんが、じっさいはさまざまな精密工業や、ファッション産業などがたいへんさかんな産業都市なのです。

市民たちは歴史的遺物をたいせつにしながら、しかもあたらしい産業都市として、未来にむかっておおきく前進しようと努力しています。

はじめにいいましたように、京都は建都一二〇〇年をむかえました。さらにあと一〇〇年して、建都一三〇〇年をむかえるころには、このふるくてあたらしい都市、この永遠の都は、どのような姿になっているでしょうか。

京都案内──洛中《らくちゅう》

解説

一九五〇年代に、岩波写真文庫というシリーズが刊行されていた。写真を主とする小冊子だが、B6判、六四ページという手がるさと、ヴァラエティーにとむテーマによって、たいへん人気があった。全部で百数十冊刊行された。

写真を主とする刊行物で、写真は岩波映画製作所が担当した。編集は岩波書店があたり、べつに監修者をたてた。本文の執筆は監修者があたるのがつねであった。わたしもその数冊を担当した。

その岩波写真文庫のなかに、『京都案内──洛中《らくちゅう》』『京都案内──洛外』の二冊がおさめられた。わたしはその『洛中』を担当した（註）。『洛外』は町田甲一氏の監修によるものであった。写真を主とするものであるが、文章だけを通読しても、京都案内の役にたてるものとおもい、ここに収録した。

京都案内は、東寺《とうじ》にはじまって、西まわりに京都を周遊する構成になっている。このながれにそって、文章はふたつの種類のものから構成されている。ひとつはそれぞれの地点に、つかずはなれずのみじかいエッセイで、もうひとつは、各地点に密着した解説文である。ここには、その両者とも収録し、エッセイは枠でかこんだ。

（註）梅棹忠夫（監修）岩波書店（編集）岩波映画製作所（写真）『京都案内──洛中』（岩波写真文庫）一九五四年二月　岩波書店

なおこの本は、のちに判型をA５判にあらためて復刻された。
梅棹忠夫（監修）　岩波書店（編集）　岩波映画製作所（写真）『京都案内——洛中　一九五四』（岩波写真文庫　復刻ワイド版）　一九八八年一〇月　岩波書店

でかけるまえに

京都にはみるところがたくさんある。できるだけ短時間に、できるだけおおくの史跡をおとずれ名勝をさぐり、古美術をみて、おまけに京都人の考現学からその生活と心情を理解しようという。ずいぶん欲ばった注文だ。しかし、ある程度はできるかもしれない。とにかく観光案内書を参考にして、みたいところの候補をあげ、観光ルートの予定をたててごらんなさい。だれがえらんでも、ほぼ型にはまったプランしかできないものだ。ただ、見かたによっては、新鮮な味もでようというもの。説明役には、きっすいの京都人があたりましょう。実地をみながら、そのときどきの連想のおもむくままに、なにやかやをお話します。目にみえぬ京都の鼓動が、すこしでもあなたにつたわるように。

でかけるまえに、京都について、ごくおおまかな基礎知識をもっているとつごうがよい。あんまりひどいおのぼりさんぶりを発揮して、お巡りさんをこまらせたりしないですむというものだ。まずはじめに、京都とはどういう都市か。それはたしかに、古都であり観光都市である。その意味で、しばしば奈良、鎌倉とならべていわれるが、都市として、そこにはおおきな性格のちがいがあることをしらなければならない。京都は、人口一一〇万、日本第三の大都会である。*しかも、明治維新のころは二十数万にすぎなかった。それは、遷都後にも着々と発展し、成長をつづけてきた近代都市なのである。京都の奇跡は一〇〇〇年の文化の単なる保存にあるのではない。その一〇〇〇年の伝統に直結して、近代的大都市が生きているという点にある。しいて似た例をもとめるとすれば、北京やパリをあげることができようか。

京都が尊重されるのは、もとよりそれが日本の古典文化を代表するからである。ただし、その文化が、すべてこの島帝国をユニークならしめる固有と独創と錯覚してはならない。それはアジアがなおひとつの文化圏をつくっていたころ、けんらんたる大陸の文化が、幾重にもかさなる波となって、流入して形成されたところの文化である。京都は、日本の都市であるとともにアジアの都市でもある。それは、アジア文化の縮刷版、東洋理解の手びき書でもある。京都の歴史は日本の歴史とおなじこと。くわしくは遠慮しよう。できたのは八世紀末のことだ。やはり唐風にならう。いまに京洛《きょうらく》というのも、京は王城の地、洛は洛陽《らくよう》の洛である。略して単に「京」とよび、あるいは洛外、洛中という。その区別は厳格にはつけがたいが、ここでは便宜にしたがっておく。

もともとは、朱雀大路《すざくおおじ》を中央に、右京と左京が対していた。のちにはほとんど左京のみさかえて、東の京極《きょうごく》がいまは市の中央にきた。いまは、新市域は山城の北半をおおい、上京・中京・下京・左京・右京・東山・伏見の七区**にわかれる。本来の旧市内、市の中核部では、なお上《かみ》と下《しも》の区別が通用する。二条から北が上、南が下である。街路は、ただしく碁盤目にはしる。通がそれぞれ名をもち、地名は座標式にその交点でしめす。河原町《かわらまち》はどこまでいっても河原町、町名ではない。通の名である。五条河原町といえば、五条通と河原町通との交点をしめす。それからのずれは、西は西入《にしい》ル、東は東入《ひがしい》ル、北は上《あが》ル、南は下《さが》ルという。いずれも最初の音節につよいアクセントがかかる。地名の発音には、京都人は厳格である。四条烏丸を、ヨンジョウ・カラスマルなどといわないように。これは、シジョウ・カラスマという。それでは出発しよう。京都駅をふりだしに、コースは西まわりで。

*　二〇〇四年七月一日現在、人口一四七万人、日本第六位である。
**　二〇〇四年現在、区の数は北、南、山科、西京の四区がくわわり一一区になる。

直輸入

京都でたかいものはといえば、東寺の塔ときまっていた。九条通の一角に、堂々と、さっそうとたつ。五層だが、五重の塔などといわぬ。かならず「東寺の塔」と頭韻をふんでよぶ。ただし、どんなに詩的でスマートな寺かと期待してゆくと失望する。かさかさと、ほこりっぽく、緑の草はそだたぬところである。境内は空漠としてひろい。しるひとの言によれば、ちょうど中国の寺に似ている。似ているはずである。すべてはあちらふうに価値があった時代の直輸入品である。初代の住持は、洋行がえりの空海すなわち弘法大師である。毎月の二一日は弘法さんの日である。この日だけは、空漠としてひろい境内が、露店とひととでいっぱいになる。縁日という習慣もやはり直輸入品だろうか。

東寺

市街の外郭をかたちづくる四つの幹線道路を、東大路《ひがしおおじ》、西大路、北大路、南大路という。九条通が、その南大路にあたり、むかしから京の南のはてだった。九条大宮《くじょうおおみや》のかどに教王護国寺、俗称東寺がある。京洛中でももっとも歴史のふるい寺である。名がしめすように、国家鎮護のための国立の寺院で、真言宗の根本道場であった。現代ものこっている古建築が数おおくあり、金堂、塔、講堂、大師堂、宝蔵、灌頂堂《かんじょうどう》、南大門、慶賀門、蓮華門《れんげもん》、不開門、北大門、北総門、いずれもみな国宝または重要文化財である。とくに宝蔵、蓮花門、不開門はふるく、平安から鎌倉初期のもの。内部にも、五大明王《ごだいみょうおう》像、真言七祖像など、九世紀以来の密教文化をかたる国宝古美術がおおい。二一日の縁日は、二五日の北野とともに京都の二大縁日のひとつである。

羅城門

平安京の中央を南北につらぬく朱雀大路《すざくおおじ》が、九条大路につきあたるところ、そこに羅城《らじょう》門《もん》があった。羅生門《らしょうもん》ともかく。これはいま、日本の地名では世界的にもっとも有名なもののひとつだが、碑がたつばかりでなにもない。朱雀大路をへだてて、官立寺院がふたつあった。左京のほうが東寺で、右京は西寺《さいじ》である。西寺は一時は東寺とともに寺運隆盛をきわめたが、いまはこれも碑がたっているばかりである。九条および西大路方面は、京都市の工業地帯として、ちかごろはだいぶ工場もふえ、活気を呈してきた。京都も、文化や観光だけでは、とてもくいかねる。工場誘致など、工業化への必死の努力をつづけている。

太夫

このほうは純日本文化の産物かもしれない。島原がいまの位置にきたのは、一七世紀のなかごろ。そのひっこしのさわがしいこと島原の乱のごとし、というのが名のおこりというが、真偽はわからない。太夫《たゆう》というものがいる。むかしのインテリ女性である。歌をよみ、碁をうって、客の相手をした。京都の客商売は、ひどく人みしりをする。宿屋でも、紹介なしのはじめての客は、一見《いちげん》さんといって、玄関ばらいが原則だった。太夫にいたっては、もちろんのことである。紹介のときもいちいちかしの式という儀式をやった。いまでも夜の観光バスにのるとこれをみせる。たいへんなものまで保存しなければならないから、観光都市もつらい。保存される太夫のほうもらくではなかろう。もっとも観光バスの一見さんには、アルバイトの身がわり太夫がでることもあるそうな。

島原

大宮通を西にすすんで、市電*島原口を西にはいると、島原の遊廓《ゆうかく》である。東はすぐ西本願寺、西は山陰線をへだてて中央市場で、妙な対照である。いまでも、四月二一日には太夫道中というものをみせる。廓《くるわ》のなかには、ふるい揚屋の建築がいくつかのこっている。とくに角屋《すみや》は有名である。寛永年間（一七世紀）のものだという。柱に刀のあとがあって、幕末に新撰《しんせん》組の近藤勇《いさみ》がきりつけたという。

＊市電は一九七九年に全線廃止。

真宗王国

「門徒ものしらず」というけれど、そのものをしらぬ簡素な信仰を肯定したからこそ、いまの真宗王国ができあがった。ふたつの本願寺、お西さんも、お東さんも、それぞれに大谷家をいただき、内閣に似た内局があって、全日本、いや海外にまでひろがる全宗徒を統べる。全国から、莫大な数のおのぼりさんを京都にすいよせる。その重要な原動力のひとつなのだから、京都としても粗末にできまい。市電もちゃんと東本願寺のまえをよけてとおる。両本願寺ともさかんに学校を経営し、西の龍《りゅう》谷《こく》大学、東の大谷《おおたに》大学をはじめ、それぞれの女子大、高校、中学をもつ。両派とも、地方ではそれぞれ地盤があり、いずれおとらぬ繁栄ぶりであろうが、京都にいて本山のうごきをみていると、ふたつの王国にはなにほどかの性格のちがいが感じられる。西は西域《さいいき》探検をやり、海外布教に熱心で、東は皇室の親類である。

西本願寺

西本願寺は、お西さん、いわゆる本派本願寺と称する。大阪の石山本願寺にたてこもって信長とたたかった一向宗徒は、秀吉からいまの地の提供をうけて、やっと武装をといた。

いまの御影堂《ごえどう》は寛永年間のもの、国宝である。そのほか、唐門《からもん》、大書院など、伏見城からうつしたといわれる豪華な建築物がおおい。寺の東南隅に、飛雲閣がたつ。これは聚楽第《じゅらくだい》からもってきたものだという。西本願寺の西どなりには、同寺の経営する龍谷大学がある。教授の大半は僧侶《そうりょ》であり、卒業生もまた大半は僧侶になる。寺の門をでると、仏具商の列である。数珠から釣鐘まで売っている。西本願寺は西六条にある。京わらべのかぞえ唄では、「五条べんけい、六条ぼんさん」。

本圀寺

本圀寺《ほんこくじ》は西本願寺の北どなりにある。* 光明《こうみょう》天皇（一四世紀）の勅で相模《さがみ》鎌倉の日蓮上人の草庵《そうあん》を移建したのにはじまるという。その後、兵火をこうむり現存の経蔵は一七世紀初頭のもの。

＊　一九七一年に山科御陵《みささぎ》の現在地にうつった。

東本願寺

東本願寺は、徳川家康の時代に、西本願寺からわかれて別派をたてた。本願寺勢力を二分するための、徳川家の謀略であったといわれる。とにかく、よくも、こんなおおきな寺をつくったものだ。木造の建物では世界第一であろう。いまの御影堂は明治年間にできた。屋根の棟瓦《むながわら》はウシが背につんで、足場をのぼった。一頭に二枚しかのらなかったそうだ。両本願寺とも京都駅にちかいことは観光都市京都にとってさいわいであった。そそりたつ大伽藍《だいがらん》の偉容は、駅におりたつひとの目をまずおどろかし、その心に最初の一撃をあたえる。枳殻邸《きこくてい》というのは、いわば東本願寺の別荘である。庭で有名。近年一部がやけた。

戦災

京都は戦災をうけなかったということになっているが、じっさいは被害があった。二カ所に爆弾がおち、強制疎開で何百軒がこぼたれた。五条・御池《おいけ》・堀川などの通《とおり》は、これでとてもひろい道になった。京都市民は、むかしから戦争では苦労しているせいであろうか、大戦中もつめたく、わかなかった。よそにくらべて、戦時色がいちじるしくあわかったようである。武力に手むかってはあぶないことをしっているからである。しかし、ゲートルまいてチョコマカとお先ばしりすることをこのまなかったのである。その当時は、これも京都人の保守的性格と批判された。戦後、進駐軍がきた。京都がやけなかったのはアメリカさまのおかげだという論法で、感謝塔をたてようという話があった。かなりの有力者の支持もあったが、市民の大勢はおちついて冷笑したので、たちぎえた。これも京都市民の単なる保守退嬰《たいえい》であろうか。

五条

五条というところは、むかしは下京のひとつの中心であった。せまい道で、古着屋がたくさんあった。いまは疎開道路になって、むかしのおもかげはない。長講堂は五条の富小路《とみのこうじ》にある。後白河法皇の創建になるもので、もと六条御所といって、壮麗をきわめたという。

初ものぐい

二条のお城のまえを狭軌のちいさい電車が、ゴトンゴトンはしっている。これが、日本で最初にできた市街電車である。京都はこのましき文明開化とみれば、さっそくに採用するくせがある。ただし、新陳代謝がにぶいから、あとはあまりぱっとしない。無軌道市街電車《トロリー・バス》なども その例だ。京都の初ものぐいといわれるゆえんである。初ものの狭軌市電は、いまでも北野から京都駅まではしっている。京都駅のことを京都のひとは七条駅《ひっちょええき》とよんだ。山陰線の二条駅に対していうのである。山陰線にのるのにその七条《ひっちょう》の停車場までゆくのは、いなかものときまっていた。京都のひとはみな二条で乗りおりする。これで何銭かの節約になる。山陰線は、花園《はなぞの》・嵯峨《さが》をつらね、保津峡《ほづきょう》をへて丹波路《たんばじ》にはいる。郊外電車のないころは、これがその役をしていた。電車なら、きっとまた郊外電車の初ものだったにちがいない。

壬生

壬生《みぶ》は壬生寺、壬生狂言と壬生屯所《とんしょ》で有名である。狂言は、四月二一日、たかい舞台でいとも古風に演じられる稚気にみちた仮面の無言劇である。市民には、カンデンデンの囃《はや》子《し》の音でしたしまれている。壬生屯所というのは、幕末の話。新撰組がこの寺にいたのである。千本《せんぼん》通へでると二条駅が、これが国鉄の駅か、というような顔でたっている。その東、二条の城の南につづいて神泉苑《しぜいえん》と二条陣屋がある。神泉苑は平安京造営のときからあるというふるい庭。池はむかしの賀茂川《かもがわ》の河跡湖だといわれている。弘法大師の雨ごいで有名である。二条陣屋は京都に邸のない大名の共同宿泊所であった。暗殺予防のため、手のこんだ仕かけがある。

二条城

二条のお城は、お城というよりも徳川氏の京都における別荘のようなもの。はじめから戦争用にはできていない。明治以後は離宮になっていた。いまは市の所有で、なかは自由にみることができる。天守はなく、二の丸御殿がのこっている。襖絵《ふすまえ》などに、探幽以下狩《か》野《のう》派のえがくところの、豪奢《ごうしゃ》なる名画がおおい。二の丸の庭は、小堀遠州作の名園である。城外の広場は、戦後は簡易飛行場になり、米軍の小型飛行機やヘリコプターが発着したりした。堀は魚つりによく、また石垣には、キツネがすんでいるという。

二の丸御殿は伏見城の遺構とつたえられ、桃山様式の豪華建築である。遠侍《とおざむらい》・式台・大広間・白書院《しろしょいん》・黒書院《くろしょいん》の五棟からなっている。大広間はその中心で、将軍と大名との対面所であった。徳川慶喜をかこみ、ここで大政奉還の決議がおこなわれた。

王城の地

二条のお城は、金をだしたらみせるが、御所のほうはそうはゆかない。そういう意味では、御所と京都市民とのつながりはうすい。ただ、これあるゆえに、京都は王城の地という京都人の自尊心がささえられてきた。王城の地であったのではない。いまも王城の地とおもっているのだ。御所は離宮ではない。ここが皇室の本宅で、東京は行在所《あんざいしょ》だと信じている。その証拠に、ご大典は京都であるではないか。中年以上の京都人のだれかれに、きいてごらんなさい。この論法と、「王城の地」ということばとは、じつによく浸透している。とっくのむかしに、形式的にも実質的にも、政治の中心は東にうつってしまっているのに、京都のひとは、なおずっと京都が日本の中心だとおもっていた。東京や大阪さえ、二流都市とおもっていた。いまでも「先日御上洛の節は」などとかく京都人がたくさんいる。

御所

御所はいわゆる内裏であるが、平安京のそれとはまったく位置がちがう。皇居をかこんで近衛《このえ》・鷹司《たかつかさ》・九条《くじょう》などの公卿《くげ》の邸があった。そのあとがいまではひろい御苑《ぎょえん》になっている。野球とセミとり、散歩と密会の場所である。自動車はとおれない。南側丸太町《まるたまち》から堺《さかい》町御門《まちごもん》をはいって北にすすむと、東側に仙洞《せんとう》御所、大宮御所がうつくしい松林をとおしてみえる。正面は皇居の建礼門である。なかに紫宸殿《ししんでん》・清涼殿がある。

皇居のなかは、春秋二回、日をかぎって拝観をゆるされる。紫宸殿は御所の正殿である。東京遷都後も、即位式はここでおこなわれることになっている。天皇の御座所高御座《ござしょたかみくら》は、殿中にそのままおかれている。賢聖の障子というのは、北側の襖である。南面は、南廂《みなみびさし》の一八段の階段の左右に、左近の桜・右近の橘《たちばな》がある。清涼殿は紫宸殿とともに、ふるい様式にならい寝殿づくりである。平安時代の天皇の住居《すまい》のありさまをうかがうことができる。

近世の宮廷生活のためには、べつに小御所《こごしょ》・常御殿《つねごてん》がある。

保守と革新

京都は、ご覧のとおり古物にみちている。京都は、伝統の町、保守の都市である。それが、どうしたわけか、知事も市長もそろって革新陣営からでてしまって、全国民をおどろかせた。まったくどういうわけだろう。いろいろな説がある。京都人は表面は政治に冷淡でも内心敏感に時のうごきにさきがけているという説。固有の文化に自信があるから、新来の思想に寛容なのだという説。日ごろの伝統の重圧に、たまったうっぷんが時あってほとばしるのだという説。どれも一理あるようだが、京都人にもわからない。とにかく、頑強な保守のほかに、きわめて革新的な半面があることはたしかだ。たとえば、京の女性である。京女《きょうおんな》といえば、伝統的優美の典型。そのおとなしい京の娘はんが、解放された近代女性のシンボル、日本の女子スポーツ界を、ずっとリードしつづけてきたのだから。

府庁と市役所

ほんとうの平安京の内裏は、いまの御所よりずっと西よりにあった。千本通が朱雀大路で、千本丸太町あたりが大極殿址《だいごくでんし》といわれている。石碑がある。千本は、いわゆる西陣京極《ごく》をふくみ、上《かみ》の歓楽街。原価よりもやすいビールがのめるという庶民の天国である。府庁は下立売《しもだちゆうり》の釜座《かまんざ》に、市役所は御池の河原町にある。いずれも、中京のまんなか。京都の旧市街の中心地である。

産業都市

いかに王城の地といえども、長袖《ちょうしゅう》者流《しゃりゅう》と坊主神主だけで、こんな大都会が維持できるわけのものではない。近世の京都は、マニファクチャー時代における第一級の産業都市であった。西陣を中心とする糸へん産業である。いまはかならずしも隆盛をきわめているとはいいかねるが、それでもなお京都最大の産業であることにはかわりない。織屋のなかには機《はた》をもち、糸を買い、自まえで織るのもあれば、下職《したじょく》にだすのもある。むかしは、糸はもちろん、機も家までも織元のをかりて賃機《ちんばた》を織る零細職人がたくさんいた。くらい長屋の土間にすえた機のうえで、豪華な西陣織が、一寸また一寸と織りだされてきたのである。織子は、できただけを織元におさめ、織元は、仕事のないときも織子の生活をみた。こういう制度の非近代的性格も手つだって、西陣織の前途はくらい。それはまた、京都の前途のくらさでもある。

西陣

堀川より西、丸太町より北の、上京の大部分をしめるひろい地域が、いわゆる西陣、有名な西陣織の本場である。西陣のいわれは、応仁の乱のとき、西軍山名《やまな》宗全《そうぜん》が陣をしいたところというのである。今出川《いまでがわ》の大宮あたりがその中心であろうか。織物館があり、西陣の由来をしるしたおおきな石碑がある。織元、仲買い、糸問屋、銀行なども、この付近におおい。中京室町《むろまち》とともに、京の町衆の生活伝統をもっともよくつたえる一角である。今出川を千本まで出て、北へ上《あが》ると、釈迦堂《しゃかどう》がある。国宝の建物は、いま修理中である。定義によると西陣は、堀川までということになるが、その堀川にかかる一条《いっちょう》通の橋が戻《もどり》橋である。名まえの呪力《じゅりょく》で、花嫁はわたらず、出征軍人はわたった。堀川が疎開道路になって、鬼女のでたというむかしのおもかげは、いまはない。

北野

火事

火事とけんかは江戸の華。京都はそれほど手あらくない。市消防局の頭痛の種は、全市に充満する国宝・重要文化財の防衛である。いかに警戒が厳重でも、なかから火つけされたのではかなわない。足利義満栄華の跡、北山鹿苑寺《ろくおんじ》の国宝金閣は、一九五〇（昭和二五）年七月のある夜、ニヒルな一学生僧の手によってあっけなく焼きはらわれた。混迷の時代のできごとである。老住職は、即日再建を決意して、全国行脚の旅にのぼった。幾千の国宝や重要文化財があるということは、やはりたいしたことである。それは単にあるというものではない。兵乱、大火、突発事故をくぐりぬけて、なおそれは存在するのだ。「京の、京の大仏つぁんが天火《てんぴ》で焼ァけてな、三十三間堂が焼けのォこった。アラどんどん、コラどんどんどん」。京のわらべ唄である（註）。

（註）京の大仏というのは豊臣秀吉の建立による方広寺にあった。一七九八（寛政一〇）年、雷火で焼失した。

北野の天神さんは、全国の天神信仰の中心地である。社殿は、豊臣秀頼の建造とつたえられる。秀吉が、京都の内外の境にきずいたというお土居《どい》が、境内紙屋川《かみやがわ》のほとりにのこっている。北野神社は祭神にちなんでウメの名所だが、紙屋川をわたった平野神社はサクラの名所。もうひとつ西の等持院は、足利家累代の廟所《びょうしょ》で、尊氏以下一二代の木像がならんでいる。

金閣寺

平野さんの裏から、西大路を北へたどって、北大路へまがりこむかどに金閣寺がある。衣笠山《きぬがさやま》のふもとのうつくしい森のなかにある。やけた金閣は、名まえだおれでなく、たしかになかなかうつくしい建物であった。とくに鏡湖池《きょうこいけ》とよばれるひろい池と、背景の衣笠山との調和が、こよなくうつくしかった。庭は、名にしおう名園である。起伏を利用して深山幽谷をかたどり、いろいろむつかしい名がついている。茶室の夕佳亭《せっかてい》は、ナンテンの床柱とハギの木の違棚で有名であるというが、どういう意味だろうか。現代人には、ただちには、通じにくい趣味ではある。

味覚

大徳寺・南禅寺などのおおきい禅寺の近所には、かならず普茶料理の看板がある。

つまり精進料理をくわす店である。いずれも仏寺への出まえを主にする。普茶料理というのは、動物質をいっさいつかわずに、形だけはなまぐさものに似せてある。あっさりとうまいものである。これにかぎらず、京料理というものは、だいたいきわめてあっさりしている。江戸のつけ味、大阪のだし味に対して、京のもの味である。味が淡白で上品である。繊細で微妙である。すきやきや天ぷらまでその傾向がある。これは料理屋ばかりでない。家庭の台所まで浸透した大原理である。京は着だおれで、食いだおれは大阪だが、味覚の洗練という点では京都が最高だと、京都人はみな信じている。京都には伝統文化に批判的な近代主義者もすくなくないが、その人たちも、こと味覚に関しては、絶対に自信をもっている。さからわぬほうがよい。軽蔑《けいべつ》されるだけだから。

紫　野

北大路を東にすすむ。船岡山《ふなおかやま》の北をまわると、今宮《いまみや》神社と建勲《けんくん》さんである。後者は織田信長をまつる。このあたり紫野《むらさきの》は、いまはりっぱな住宅地帯だが、比較的近年まではまだ郊外だった。大徳寺だって、市中の小学校から、郊外遠足できたものだ。大徳寺は禅宗の大寺、京十刹《じゅっさつ》のひとつである。一休さんのいたところだ。相国寺《しょうこくじ》とともに、時代劇映画のロケにおおいに役だっている。大徳寺納豆というものがある。売っているのは寺侍《てらざむらい》の末裔《まつえい》か。

大徳寺

勅使門、山門、仏殿、法堂《はっとう》、庫裡《くり》が南北一直線にたちならび、庫裡の東に方丈がつづいている。方丈には探幽筆の四季山水の襖絵《ふすまえ》、遠州作の庭園がある。勅使門、唐門《からもん》は桃山期の建築。山門の上層には釈迦《しゃか》三尊、十六羅漢、千利休《せんのりきゅう》像が安置されている。境内には幾多の塔頭《たっちゅう》がある。孤蓬庵《こほうあん》は茶人不昧公《ふまいこう》の再建、庭は遠州の作。大仙院《だいせんいん》の壁、襖は元信《もとのぶ》、相《そう》阿弥《あみ》の筆とつたえ、庭もまた相阿弥作という。聚光院《じゅこういん》の襖絵は永徳筆という。このほか寺宝がおおい。

山紫水明

京都はよいというけれど、京都のよさをたのしもうとおもうと、金のかかることばかりである。京料理・美術・工芸・西陣織。高級品ばかりだ。御所とか祇園《ぎおん》とかになると、金をつんでもはいることさえできぬ。京都という町は、庶民がたのしむようにはできていない。そのなかにあって、景色だけは例外である。これはだれがいくらみてもただである。朝な夕なにみる風光明媚《ふうこうめいび》はついにステロ化し、京都の各小学校・中学校の校歌で、山紫水明の字句のはいってないものはないだろう。しかし、じじつ、うつくしい。出町《でまち》の橋のうえにたって、北をながめてごらんなさい。あるいは、東山の一角から、洛中《らくちゅう》をながめてごらんなさい。そこにはほんとうにうつくしい日本の風景がある。観光客も案内者も、しばしば個々の名所旧跡、故事来歴にとらわれ、説明を要せぬ風光のうつくしさをめでることをわすれているとすれば、それはまことにおしいことである。

賀茂川

大徳寺から、北大路をさらに東すると、賀茂川《かもがわ》の北大路橋に達する。このあたりからみた叡山《えいざん》は、さっそうとしてとてもうつくしい。賀茂川はくだって出町で高野川《たかのがわ》と合し、鴨《かも》川《がわ》と字をかえる。上《かみ》ではマツ並木、下《しも》ではヤナギが風情をそえる。ちいさい川のくせにひどく氾濫《はんらん》した。いまは洪水敷をしっかりかためたので少々の水ではだいじょうぶとなった。京染の友禅は、むかしながらに、あいかわらず川のなかにはいってジャボジャボとやっている。水はたしかにうつくしい。

祭

京都の人たちは、「むかし」というものについて、すくなくとも視覚的には、かなり的確なイメージをもっている。王朝さながらの御所車のあゆみ、騎射するひとを、毎年目《ま》のあたりにみているのだから。祭といえば賀茂の祭、五月一五日の葵《あおい》祭《まつり》のこととときまっていた。その日には、千年の時間のながれが、すっときえてしまう。糺《ただす》の森なんて、平安京のできるまえから、いまとおなじような森ではなかったかしら。ついでに、もうすこし祭のことをしるそう。葵祭が王朝貴族の祭とすれば祇園《ぎおん》さんの祭は、近世における町衆《ブルジョワ》の祭である。前者の優美、典雅に対し、後者はあくまで豪放、華麗である。こういう祭にくらべたら、平安神宮の時代祭なんかは、上《うわ》っ調子でみられたものではない。神田祭《かんだまつり》や天神祭も、その土地のひとには失礼ながら、ただのいなか祭ではないかというのが、京都人の正直な感想であろう。

下鴨・上賀茂

東京あたりの神社は、規模は狭小、チャチでやすっぽい。お寺ばかりか、お宮もまた関西が、京都が家元である。下鴨《しもがも》神社は、そういう雄大で気品ある社《やしろ》のひとつである。上賀茂の別雷《わけいかずち》神社に対して、こちらは御祖《みおや》神社ともいう。両社とも起源は神代にさかのぼる。社殿はすべて国宝になっている。有名な葵祭は、この両社のお祭であるが、いまなお勅使がでて御所から行列をねる。下鴨には、旧松竹下鴨、いまは京都映画の撮影所がある。*

＊　京都映画は太秦に移転。

学　生

東京、大阪では、「なんだ、学生か」とあしらわれても、京都へくれば依然として「学生はん」である。大学の数は二〇*をかぞえ、学生数は京大・同志社・立命館の各一万**をはじめとし、すでに市の人口のかなりの部分をしめる。京都は学生の都である。俊英を全国からあつめ、近代日本の偉大なる指導者たちをつくった。東京の大学が、官僚国家日本の根幹をやしなったとすれば、京都の大学は、日本自由主義の温床であった。伝統をほこる自由の鐘は、いまなお京洛《きょうらく》にこだまし、自由の闘士はあとをたたぬ。学生の情熱は爆発的にほとばしり、しばしば社会通念から逸脱する。その思想は急進的であり、その行動は矯激《きょうげき》である。しかし、京都市民は学生のめちゃくちゃにはむかしからなれている。学生には寛容である。みんな、卒業すればおちついてえらくなるひとだ。わかいときは、まあよいではないか。

＊　現在、四年制大学の数は二三校。
＊＊　現在、京大は一万三〇〇〇、同志社は二万二〇〇〇、立命館は三万五〇〇〇。

同志社

同志社は、今出川《いまでがわ》通、御所の北側にある。明治の初年に新島襄《にいじまじょう》が日本最初のキリスト教主義にもとづく学校をはじめたときには、学生は八人しかいなかった。いまでは、大学、女子大学、高校、中学をふくむ一大学園となった。とくにその神学部は有名である。同志社の付近に、新島襄の邸がそのまま保存されて、当時をものがたっている。東山の若王子《にゃこうじ》の山のうえにキリスト教の墓地がある。そこにこの偉大なる先覚者はねむっている。

大本山

京は八百八寺というけれど、なんのそれどころではない。まずその倍はあろうという。たいそうな数である。大徳寺とか南禅寺とかのおおきな寺になると、一寺というよりは寺の集団である。山内に多数の塔頭と称する子ども寺をかかえている。そのひとつひとつが、やはり檀家《だんか》をもって生活する寺だからふしぎだ。宗旨をみても、天台、真言、臨済、曹洞、浄土、真宗、日蓮などの大宗旨はもちろんのこと、律宗に時宗というようなものまでみなそろっている。大本山だけでも、市中にいくつあることか。そして、それぞれが、創建と布教にまつわるながいながい歴史をもつ。何宗であれ、京洛に本山をかまえずんば一宗の面目にかかわったのであろう。逆に京都の寺であるからには、本山を名のってよいというわけか、戦後の宗教法人法以来、京都には、おびただしい数の大本山ができた。今日、仏法は隆盛をきわめているのであろうか。

妙顕寺・盧山寺

妙顕《みょうけん》さんは、今出川から新町《しんまち》を北に上《あが》る。天台、真言の勢力がつよくて、日蓮宗はなかなか洛中にくいこめなかった。これはその最初の拠点である。境内に、尾形光琳《おがたこうりん》の墓がある。盧山寺《ろうさんじ》は御所の東側にある。浄土宗の寺だったが、わかれて一宗をたてて、大本山になった。「鬼の法楽《ほうらく》」というかわった追儺《ついな》の式で有名である。ほんとうに鬼が登場してくる。

相国寺

今出川通から、同志社の構内にはさまれて、北にみえるのが京都五山のひとつ、臨済宗大本山相国寺である。開祖は夢窓国師。創建は足利義満というが、応仁の乱の激戦地となり、全焼した。本堂（法堂《はっとう》）は秀頼の再建。唐様《からよう》の禅宗建築で法堂として現存最古のもの。寺宝もおおく、なかでも等伯筆の猿猴竹林図《えんこうちくりんず》六曲屏風《びょうぶ》、応挙筆の襖絵《ふすまえ》は有名。

花うり

北白川というところは、都《みやこ》と鄙《ひな》の接合点である。農家と近代住宅がならんでいる。むかしは、白川街道にそう農村で、白川村といった。北白川宮家の領地であった。住民は花をつくる。たばねて頭にのせて、洛中にうりにでる。その姿は大原女《おはらめ》に似ている。おもに仏さんのお花で、お得意の命日はおぼえていて、朝はやく門がしまっていても、だまってまえにおいてくる。京都では、まだこういう商売が可能である。変化のすくないようにみえる京の町も、緩慢な変化があちこちにおこっている。新市街は周辺部にしだいにひろがり、おおくのふるい農村をのみこんだ。たいていは耕地をうしなうとともにわからなくなったが、花の白川は、花ゆえに生きのびた。そこで、洋装の似あうインテリ・マダムのとなりの家に、三幅前垂《みはばまえだれ》、手甲脚絆《てっこうきゃはん》の花うり娘がいる、という今日の仕儀となったわけである。ただし花うり娘もいまはおおくはパーマネントである。

京都大学

今出川を東にすすんで、東大路とまじわるところが百万遍《ひゃくまんべん》である。百万遍というのは、やはり、おおきなお寺である。お寺のとなりもむかいも、この近辺一帯はすべて京都大学である。すぐ南に、大学本部の時計塔がみえる。八学部、病院、吉田分校（旧制の第三高等学校）をあわせて、広大な面積にわたって大学街を現出している。北部構内の理学部附属植物園の一角に、湯川博士のノーベル賞受賞を記念して、湯川記念館がたった。京都のあたらしい名所のひとつとなっているようだ。

吉田

大学の本部と吉田分校のあいだの道を、まっすぐ東へ、吉田山につきあたったところが吉田神社である。吉田はんは神がみのデパート、ここへゆけば、神さまはなんでもととのう。といってわるければ、日本じゅうの神さまの国会である。吉田神道の占部《うらべ》家の本拠で、日本じゅうの神さまの格をあげたりさげたりする実権をにぎっていた。毎年節分の日には、おびただしい参詣者《さんけいしゃ》がある。その追儺の式は有名である。付近にふるい社家《しゃけ》の屋敷がたくさんのこっている。

聞香

聞香《ききこう》というものがある。香《こう》をたいて、そのかおりをかいで──いえ、きいて──その種類をあてるというゲームである。この芸を香道といった。銀閣をたてた足利義政はその達人であったそうな。また、茶歌舞伎《ちゃかぶき》というものがある。やはり茶をかおりと味で鑑別する。これもゲームだ。このほうは茶道とは別である。いずれにせよ、いかにも京都らしい、雅ではあるが閑なあそびである。京都は、北京やパリに似て、金利生活者《ランチエ》の町だといわれる。みずからは実業にしたがわず、なんとなく収入があり、暇がある。そういう暇人がたくさんいる。あまりわるくいうことはない。京都の学術技芸の一部は、たしかにそういう人たちの手でささえられているのだから。

銀閣寺

今出川通を、東に山につきあたったところが銀閣寺である。銀閣寺は俗称で、正式には慈照寺《じしょうじ》というのだそうだ。風流人足利義政の山荘で、金閣にならって銀閣をたてたというが、とても金閣のようなはなやかさはない。形も二層で、べつに銀箔《ぎんぱく》がはってあるわけではない。義政の書院であった東求堂《とうぐどう》とともに国宝である。庭も有名である。回遊式庭園のほかに、方丈前庭には、白砂をもってつくった銀沙灘《ぎんしゃだん》・向月台という枯山水《かれさんすい》がある。

観光

銀閣寺というところは、なりたちからして金閣寺のイミテーションなのだ。とても金閣寺にはかなわない。それが、金閣がもえてからは、観光客はこちらに殺到し銀閣寺大繁昌《はんじょう》である。お寺は説明にテープレコーダーをかけ、アメリカ兵は紅唇の女性をたずさえてくる。アッというまに門前町ができた。門前町というものは、どこでもいささか淫猥《いんわい》のふうがある。他郷のひとは、京都は名所旧跡を売りものにしてくうのかとあざける。売春都市といわぬばかりだ。京都市民の大半は、あほらしというであろう。いつ名所旧跡を売りものにした。おのぼりさんがかってに見にきやはるだけや。京都はたしかに住民投票によって国際文化観光都市というものになった。市内の観光バスは二〇〇台、観光客は年に一〇〇万をこえる。* しかし、市民の生活の場は、だいたいにおいて観光の場とことなる。市民の大半は、観光地の実状をしりもしないし、関心もない。観光客のみた京都と、京都市民のおもう京都とは、ひどくくいちがっている可能性がある。国際文化観光都市とはどんなことだろうか。

* 二〇〇三年の観光客は四〇〇〇万人をこえる。

法然院

銀閣寺から、疏水《そすい》にそって東山のすそをゆく道は、京都でもっともうつくしい散歩道のひとつである。春は花のトンネルになる。哲学者、学生のもっともこのむ道である。道は鹿《しし》ケ谷《たに》の法然院につづいている。浜田耕作、九鬼《くき》周造など知名の学者の墓がある。法然院は浄土宗の女人《にょにん》禁制の修行場である。その名のしめすとおり法然上人源空の旧跡で、知恩院の心阿《しんあ》上人が再興したもの。建物は後西《ごさい》天皇の皇女《こうじょ》誠子内親王の御座所《ござしょ》をうつしたものという。

真如堂・黒谷

真如堂《しんにょどう》と黒谷《くろだに》はすぐつづいている。真如堂の本名は真正極楽寺《しんしょうごくらくじ》。本尊阿弥陀《あみだ》如来《にょらい》は叡山《えいざん》延暦寺《えんりゃくじ》常行堂《じょうぎょうどう》よりうつしたものという。毎年一一月六日から一〇日間、ガーンと鐘をならして、お十夜《じゅうや》の法会《ほうえ》がいとなまれる。黒谷さんというのは、本名は金戒光明寺《こんかいこうみょうじ》。しかしだれもそんなことはいわない。おおきな寺だが一九三四（昭和九）年にやけた。やけたとおもったら、たちまちにして復興した。塔頭《たっちゅう》の熊谷堂《くまがいどう》は、熊谷次郎直実《なおざね》あらため蓮生坊《れんしょうぼう》隠《いん》棲《せい》の地である。付近に橘《たちばな》　南谿《なんけい》の墓などがある。

京ことば

「ああ真如堂、めし黒谷さん」。つまり、はら兵隊《へーたい》さん、めし九連隊《くうれんたい》のたぐいである。「ああ真如堂」がすこしわかりにくいかもしれない。ああしんどという京ことばのしゃれである。京都のことばを京都弁などとよんではいけない。京ことばとおっしゃい。明治政府の暴力的な中央集権的文教政策のおかげで、標準語と称する一種不可解なる関東弁が全国に流布することになった。ところが、京都ではだれでも内心は、こっちのほうが上等だとおもっているから、標準語がはいってきても単語が若干おきかえられるだけで、アクセント、文法、いいまわしの根幹はみじんもゆるがぬ。他郷のひとは、京ことばといえばすぐに女性のしなやかなる発声を期待するようだが、その評価は一面的すぎる。大学へいってみなさい。男声の軽快なる京ことばが、理論物理学を、遺伝学を、東洋学をはこんでいる。京ことばはそういうことばである。世界有数の文化語なのである。

京菓子

駅の売店にはじまり、すこしでも観光客のとおりそうな神社仏寺の門前に、かならずならんでいるあかい箱。観光客というものは、これほど八ツ橋をたべるのだろうか。それはそうとして、八ツ橋という菓子はなぜあんなピンとそりかえった形をしているか、ご存じであろうか。あれは、むかしの八橋検校《やつはしけんぎょう》の琴の形なのだそうだ。いったい、京都の菓子には、いちいちめんどうないわれともったいがついている。八ツ橋なんぞはもっぱら観光客相手のおみやげだが、ほかに、どこのなにとよばれる上菓子がたくさんある。もともとは、御所や公卿《くげ》の家におさめたもので、いまも御所の周辺にそうした名ある店がおおい。たいへん格式をおもんじて、「売ってくれ」などといってはしかられた。「チマキのこってましたら、わけていただけまへんか」といわなければいけない。御所上納ののこりものを、人民がいただくのである。大正時代まではまだこういう気風があった。

聖護院

黒谷《くろだに》を天王町《てんのうちょう》にでて、丸太町通を西すると、熊野である。すぐ西北は京大病院、東北にはいると聖護院《しょうごいん》である。聖護院というのは、山岳宗教修験道の本山である。いまでも、毎年、門跡《もんぜき》以下山伏の装束に身をかため、ほら貝をふきならして、ここを出発し、大和《やまと》の大《おお》峰山《みねさん》にむかう。ここはまた、御所がやけたときには、仮皇居となった。聖護院はまた、八ツ橋の本場。こうばしいかおりがただよっている。ただし八ツ橋は断然なまがうまい。

漆　器

熊野の東南、警察学校のあるところには、武徳会・武道専門学校があり、日本武道の中心地であった。武徳会ではまた、疏水の水をひいたプールで、小堀流踏水術《とうすいじゅつ》をおしえた。およぐところのすくない京の子どもたちは、たいていはここにかよって、およぐすべをならう。

京都はまた工芸の町である。とくに漆器が有名である。桃山時代からの伝統をつたえ、尾形光琳などの京蒔絵《きょうまきえ》はなお、繊細華麗なる作品をつくりだしている。最近は外国人が買う。

岡　崎

岡崎公園は、むかし白河上皇が院政をとられた法勝寺《ほっしょうじ》のあったところである。動物園、美術館、勧業館、公会堂、図書館、グラウンドなどの公共文化施設が集中している。平安神宮もそのひとつである。これを公共施設というのは、京都最大の結婚式場だからである。平安王朝時代の大極殿《だいごくでん》に模して、明治年間につくったものだ。色彩が鮮麗で、他郷のひとをおどろかすにはたるが、京都随一の俗悪な神社だという批評も、京都人のなかからはでている。

疏水

逢坂山《おうさかやま》と東山に穴をあけて、琵琶湖の水を京都へもってくる。これはおどろくべき着想である。疏水の設計者は、工学博士田辺朔郎《たなべさくお》であった。いつも博士の肩書つきでしたしまれているから、どんな老学者かとおもうが、設計案はじつは大学の卒業論文であった。その施工を決断した当時の知事も傑物だったにちがいない。雄大な工事は、この一青年技師を中心に進行し、数年かかって一八九〇（明治二三）年に完成した。これが一九世紀のうちにできあがったのは、さいわいであった。これで、京都は二〇世紀に近代都市としてさかえる資格をえたようなものだから。まず、疏水の水は日本最初の水力発電所をうごかし、その電力が日本最初の市街電車をはしらせ、工場をひらかせたのだ。動力なき手工業都市京都に、産業革命がおこったのである。そのほか、京都は疏水のおかげで、上水道のくめどもつきぬ大水源地琵琶湖をえた。

蹴上

岡崎につづく蹴上《けあげ》は、大津から京都にはいる門である。疏水も、ここでトンネルをでる。船は軌道のうえを台車にのってインクラインをくだり、水は落差をいっきょにおちて発電所にはいる。ふるい発電所の　建物の壁には、田辺博士の功をたたえた文字がみえる。この建物は、いまは京都大学のサイクロトロンの　研究施設となった。また、浄水場がある。ツツジの名所で、五月には市民に公開される。付近の都ホテルには、外国人客がおおい。瓢亭《ひょうてい》は京料理屋。

南禅寺

インクラインのうえにかかる橋をわたって、まっすぐに松並木の道をゆくと、南禅寺である。おおきな山門がある。そのうえに石川五右衛門《ごえもん》がすんでいて、京をながめて「絶景かな」と称したという伝説がある。山門のうしろにある本堂は近年再建したものだが、その奥の方丈は天正年間（一六世紀末）の清涼殿をたまわったもの。各室の襖絵《ふすまえ》は狩野《かのう》派の筆になる。塔頭金地院《たっちゅうこんちいん》の方丈は桃山城の遺構で、八窓の茶室は庭とともに遠州作とつたえられている。

永観堂から、南禅寺にかけて、東山の山ぎわにそってはすばらしい散歩道である。おのぼりさんはこないし、しずかで、きよらかで、うつくしい。かえりには湯どうふ屋で湯どうふをたべるのもたのしい。

雲　水

禅門の寺は、同時に学堂でもある。学僧の長を老師といい、管長とならぶ。その したに、多数の雲水《うんすい》が修行する。京都は、学生の町であるとともに、雲水の町である。雲水の行列が、オーとよびながら、禅堂をでて、京の町まちをあるく。京都にはいまこういう道場が七つある。南禅寺、大徳寺、相国寺、建仁寺《けんにんじ》、東福寺、妙心寺、天龍寺である。雲水は、だいたいは、いずれ一寺の住職にすわるひとであろうが、わかいときの荒修行である。食事の粗末なことはおどろくばかりで、これでどうして生きてゆけるかとおもう。もっとも戦前は、町家《まちや》の金もちが、ときどき点心《てんじん》といってご供養をした。雲水をなんにんか招待するのである。もちろん寺と了解のうえであるから、この日はビフテキ、スキヤキ、テンプラ、なにをたべてもよい。みんなじつによくたべた。こういう、いわば合理的な習慣も、いまはどうなっているであろうか。

青蓮院・知恩院

蹴上から三条通を西にむかう。このへんを粟田口《あわたぐち》という。むかし、刀鍛冶《かたなかじ》や陶工がおおくすんでいたところだ。南へおれて、青蓮院《しょうれんいん》まえにいたる。青蓮院は、粟田口御所といって、代々皇族が法統をつがれた。書道青蓮院流は、のちの御家流《おいえりゅう》の源となった。庭は名園のきこえがたかい。さらに南にゆくと、知恩院さんである。浄土宗の総本山。この寺は、両本願寺などとともに、なお溌剌《はつらつ》と生きている寺である。開祖法然、吉水房《よしみずぼう》の址《あと》である。山門は、日本最大だそうだ。本堂（御影堂《みえどう》）もすばらしくおおきい。有名なのは、廊下のうぐいすばり。あるくとキュッキュッと鳴る。これはよそにもある。御影堂の軒うらに左甚五郎《ひだりじんごろう》のわすれ傘というのがある。なぜこんなところに傘があるのか、諸説あってよくわからない。

定　型

京都の名所は、漢詩に似ている。個々の要素はみたことがある。一見してある種の感銘をうけ、なにやらわかったような気になる。じつは、いちいちが典拠をふまえ、先例があった。説明をきいて、はじめて意味がのみこめる。それは、直接に感覚にうったえるふうの芸術品ではないのだ。その点は、庭や建物も例外ではない。

よほど勉強しなければ、鑑賞することもできない。おなじようなものの、微細な区別、優劣がわからないのである。ここに、京都の退屈さがある。それにしても、あまりにもおなじようなモチーフを売りものにする名勝がおおいのはどうしたことであろうか。うぐいすばりの廊下、虎《とら》の子わたしの庭園、ナンテンの床柱などというものも、ひとつだけならその独創に感動もしようが、こういくつもあっては食傷する。みせるほうは熱心でも、みるほうはまたかとおもう。定型のおおい点でも、京都はやはり漢詩に似ている。

大谷

もとはひとつであった本願寺が、東と西にわかれたのには、いろいろ複雑な事情があるらしいが、とにかくそれで宗祖親鸞《しんらん》の遺骨も、なかよく双方に分配して廟《びょう》をたてた。そこで、東大谷と西大谷ができた。もともと門徒は個別の墓にはいらぬことになっている。ここへきて、納骨すればよい。宗教の簡素化と中央集権化のための、おどろくべき創案だ。この付近の、長楽寺の境内には頼《らい》山陽と頼三樹《みき》三郎《さぶろう》の墓がある。のぼると将軍塚にいたる。

祇園

京の情緒といえばすぐ祇園《ぎおん》をいう。京のうたといえば「祇園小唄《こうた》」だ。円山《まるやま》の篝《かがり》火《び》で、舞妓《まいこ》はんで、だらりの帯である。ほんとうのところは、京都の市民に祇園であそべるひとがなんにんあろう。観光客でほんものの祇園の情趣をあじわえるひとがどれだけあるか。たいていは、舞妓はんの散歩姿を一目みるのが関の山である。しょせん庶民には縁のないしろものだ。それにしても、祇園はふしぎなところである。伝統的といおうか封建的といおうか、おどろくべき制度を維持している、戦争前後の大動乱にも、元禄《げんろく》の遺風はついにくずれなかった。ここにもいちおうは労働基準法が適用されるが、それはそれとして、歌舞音曲をこそわが命とおもう少女たちの、ふしぎなるパーソナリティーの形成は、いまなお不断につづけられている。最近は、修学旅行で舞妓を宿によぶのがはやる。同年配の女子高校生はこの幻想的な人間を、息をのんで見まもるそうだ。

円山

円山公園は、市民にもっともしたしまれているところだ。春は夜《よ》ザクラ、篝火をたいて全公園はランチキの巷《ちまた》となる。有名なシダレザクラはかれてしまい、いまはちいさな木があとつぎにたっている。デモ、大会で、警官隊が奮戦するのもここである。公園の一角に、双林寺《そうりんじ》がある。最澄《さいちょう》がひらいたというから、よほどふるい寺だ。西行《さいぎょう》の墓があり、まえに西行庵がある。そのとなりは芭蕉《ばしょう》堂だ。それから池大雅《いけのたいが》の碑と、みるものがおおい。八坂神社は祇園さん。祇園祭というのは、祇園遊廓《ゆうかく》の祭ということではない。祇園さんの祭だから祇園祭だ。

四条通

祇園さんの朱ぬりの楼門をでて、石段をおりると、四条通《しじょう》である。大石内蔵助《くらのすけ》で有名な一力茶屋《いちりき》が、南側にいまものこっている。西へあゆむと鴨川にかかる四条大橋にいたる。たもとに南座がある。むかし四条河原といえば、芝居、見世物の小屋がたくさんあって、たいそうにぎわった。阿国歌舞伎《おくにかぶき》の伝統をつたえ、北座と南座があったが、北座はなくなった。南座は、古典趣味の鉄筋コンクリート、顔見世《かおみせ》から少女歌劇までこれでまにあわす。

先斗町・高瀬川

鴨川の西岸、三条と四条の間は先斗町《ぽんとちょう》。祇園の「都をどり」に対抗して、こちらは「鴨川おどり」をみせる。庶民はこの機会に一流芸者の芸をみうるわけで、なかなか人気がある。鴨川べりのお茶屋は河畔に座敷を延長し、これを床《ゆか》と称する。涼風にふかれて一杯という趣向である。鷗外《おうがい》の名作に名だかい高瀬川は、二条から下《しも》を、木屋町《きやまち》にそってながれるあさい運河である。三条大橋は京阪《けいはん》・京津《けいしん》電車のターミナルで、近所は宿屋街で修学旅行の拠点だ。

京　極

むかしは三条が京の中心であった。いまは四条と河原町が目ぬきの繁華街となった。百貨店やおおきな商店がならぶ。東京のまねをして河原町銀座と名のろうという案があったが、市民の抵抗にあい、きえさった。いいだしたのは他郷からきたひとだったろうが、まずいことをいったものだ。京都人のいちばんきらいなことなのだから。京都ではそのかわりに、すぐ何々京極《きょうごく》とつける。そのパターンになったのが、三条から四条までの、新京極である。

京のいなか
いろはがるたの最後の札は「京」である。「京にいなかあり」。あれはむかしがたりではない。あの絵にあるとおりの女性が、頭にものをのせて京の繁華街をゆうゆうとあるいている。洛西梅《らくせいうめ》ケ畑《はた》からくるのは、老若にかかわらず「はたのおば」、洛北大原からくるのを「おはらめ」という。服装の特徴があり、すぐ区別がつく。これもただのいなか風俗ではない。なにごともすぐ平家物語あたりにとぶ。大原女《おはらめ》の服装は、建礼門院にしたがって大原にかくれた美貌《びぼう》の才媛阿波内侍《さいえんあわのないし》がモデルだという。むしろ、「いなかに京あり」だ。もっともちかごろは、大原女姿に人気がでて、洛中の小路《こうじ》から毎朝ものうりにでる速成の阿波内侍もおおいようである。京都は、べつの意味でも都会ばなれした点がある。その閑雅、その静寂。べつに間《あいだ》すじの寺や神社にはいるまでもない。都心の目ぬき通でも、人どおりのすくないこと、これが人口一〇〇万の大都会かとうたがう。

池坊

「姉さん六角たこ錦」。すなわち、姉小路《あねがこうじ》、三条、六角《ろっかく》、蛸薬師《たこやくし》、錦。いずれも東西通の名。中京《なかぎょう》の中心部である。六角烏丸《からすま》には六角堂がある。ほんとうに六角のお堂がある。西国《さいごく》十八番。へそ石というものがある。むかしの京の中心をしめす。ここはまた池坊《いけのぼう》、お花の家元である。ついに大学になった。錦は京都の台所、和食の材料ならなんでもそろう。

南北通では、寺町《てらまち》、御幸町《ごこまち》、麩屋町《ふやちょう》。柳馬場《やなぎのばんば》に東洞院《ひがしのとういん》。ふりがななしでもよめますか。

芸ごと

京都は、芸ごとの中心地である。諸芸の家元はひととおりそろっている。お茶にお花、能・狂言に謡《うたい》、仕舞《しまい》、おどりに書道。絵には家元というものはないようだが、大先生の塾がある。それぞれのジャンルに、いくつもの流派があり、おのおの全国に弟子の網をはりめぐらしている。お弟子は、ならうほどに、なにがしかの金を家元におさめ、おそろしくこまかにきざまれた免許の梯子段《はしごだん》を一段ずつあがる。家元の勢力たるや、なかなかにたいしたもので、あの戦争のきびしさのなかに、お茶の有段者には上菓子の配給があった。だいたい京都のひとは、芸ごとがすきである。結婚まえに、女ならお茶にお花に舞、男なら謡をひととおりはならっておくというのが、町家《まちや》ではまずふつうのことである。ちかごろはそのうえに、バレーに洋裁、バイオリンというようなものまでさかんになって、京の子どもはまことにいそがしいことになった。

寺

また寺の話で恐縮である。寺ばっかりでてくるのでやむをえない。これだけたくさんのお寺はんが、みんなたべてゆかねばならないのだ。なにか人よせをする種のある寺はまだよい。なにもない寺も、いろいろ知恵をしぼって、戦後の苦境をのりきった。坊《ぼ》んさんも、人間としての生存権を主張して、そうとうなことをやってのける。寺町《てらまち》や裏寺町《うらでらまち》で境内の一部を飲み屋そのほかに貸すくらいは、ふつうのことで、寺自体が経営にのりだしたのもあるらしい。あるときはアメ中の即売場となり(註)、あるときはもぐりの貸席にもなった。ちかごろでは、お嬢さんの社交クラブである。お茶の会、お花の会、お琴の会。千年の都の令嬢とはどんなものか見たければ、行ってごらんなさい。京の着だおれぶりがすこしわかる。じつは着もののファッション・ショウも、もっぱらお寺でおこなわれる。古雅な襖絵《ふすまえ》と新柄の着もの。その華麗なる調和を想像せられよ。

(註) アメリカ軍の中古品の放出物。

建仁寺

はなやかな祇園のすぐ南に、禅宗の建仁寺がある。京風に発音すれば「ケンネンジさん」。京都最初の禅寺で、やはりあちらふう、宋《そう》の寺のイミテーションである。室町時代の五山文学の中心であった。勅使門、方丈は国宝。内部にも桃山時代の障壁画の傑作がたくさんのこっている。なかでも宗達《そうたつ》の風神雷神図《ふうじんらいじんず》屏風《びょうぶ》二曲一双は傑出している。また方丈、塔頭禅居庵《たっちゅうぜんきょあん》の襖絵は、ともに海北友松《かいほうゆうしょう》筆とつたえられる。

高台寺

建仁寺から、東山通をへだてて東に、高台寺《こうだいじ》がある。やはり禅寺だ。高台院がいたから高台寺という。高台院というのは、秀吉の未亡人北政所《きたのまんどころ》である。それで、秀吉関係の遺品、文書がおおい。蒔絵《まきえ》調度類は国宝になっている。開山堂、霊屋《たまや》、茶室ふたつも国宝である。庭はここもまた例によって小堀遠州のデザインだというが、どうだか。京都で庭をみせられたら、ははァ小堀遠州ですな、といえばたいていあたる。例の定型趣味だ。

札所

洛中《らくちゅう》に西国三十三ヵ所札所が五つある。十五番今熊野《いまぐまの》、十六番清水寺《きよみずでら》、十七番が六波羅《ろくはら》蜜寺《みつじ》である。十八番は六角堂、十九番は一条革堂《いっちょうこうどう》。わかいひとには興味はすくないかもしれぬが、いまでも巡礼さんは、たくさんまわっている。京のひとには六波羅蜜寺より、そのそばの六道《ろくどう》さん珍皇寺《ちんこうじ》のほうがしたしみぶかい。東山通から小路《こうじ》をとおして八坂の塔がちらりとみえる。これはうつくしい塔だ。いまのは再建だが、礎石は七世紀のもの。寺はなくなって塔だけある。

さぎしらず

京都にはふしぎな店がある。清水の七味唐辛子《しちみとうがらし》、祇園のお香煎《こうぜん》屋など、いずれもそれだけしか売っていない。ひどく専門化したものである。お香煎というのは、塩味のシソの粉で、お茶漬にふりかけてたべる。いまでは通《つう》めいたひとの買う名物になっているが、むかしは食料事情のわるかった京都の、日常の粗末な食事の友であったにちがいない。京都のおかずがひどいことは有名である。さぎしらずというものがある。サギもたべないまずい魚、ゴリである。これをたべた。のきしのぶというものがある。名は雅趣があるが、ダイコンの葉をほしたものである。これもたべた。主人はともかく、丁稚《でっち》や女中《おなごし》は、毎日こんなおかずでお粥《かい》をたべた。「朝もかい、昼もかい、晩は食べんと寝ンのんかい」。これは、京の奉公人のかなしき自嘲《じちょう》のうたである。ただし、京都人はいわゆるケチではない。時と所によってはたいしたエピキュリアンなのだから。念のため。

清水

清水寺は清水坂のうえにある。本堂前は数丈のたかさにふとい格子でささえられて、谷のうえにはりだしている。いわゆる「舞台」である。京のひとは「清水の舞台からとんだつもりで」という。たとえばたかいお金をはらわねばならぬとき、目をつぶって、えいとおもいきれ。ちかごろは本堂へおまいりするのにも金をとる。清水坂と五条坂は清水焼の中心地である。芸術品も大量生産品もある。どちらもおなじにみて税金をかけるので、たまらぬそうだ。

五条大橋

清水の舞台からのながめは、こよなくうつくしい。一九三四（昭和九）年の室戸《むろと》台風で山の木がすっかりたおれるまえは、まだまだうつくしかった。五条坂をくだって、東山通にでたところが、ちょうど西大谷である。別名を大谷本廟《ほんびょう》という。五条通は、ここから西がひろい疎開通になった。鴨川にかかる橋は、牛若・弁慶の五条大橋である。一九三五年の洪水でおちてかけかえた。形はもとのままで、ぎぼしもながれたものもあるが、むかしのままのこった部分もある。

家

たかみから大観した京都の町には、ふるいものとあたらしいものの、ふしぎなる調和がある。堂塔伽藍《がらん》と様式の大建築、そのあいだを、手いれのゆきとどいた町家《まちや》のひくい瓦屋根《かわらやね》がきっちりとうめている。京都の町家は、いわゆる「うなぎの寝どこ」である。間口がせまく、奥行はどこまでもふかい。商家でも、おもてはベンガラぬりの格子というのがおおい。はいると店の間《ま》で、にわとよぶ土間の通路はずっと裏までとおる。奥のほうに、建物にかこまれて、こった庭園がある。これでおしまいかとおもっていると、まだ奥にすばらしくモダンな洋間のはなれがあったりする。このへんのところが京都ごのみである。そとはあくまでふるく、なかは決定的にあたらしい。最後に土蔵《くら》がある。どっちむきの家もおなじ構造で、くらい。くらさには蛍光灯を、という種類の改革ははやすぎるほどはやいが、根本はいっこうかわらない。かわるのはアクセサリーだけである。

豊国神社

博物館

古美術というものは、じっくりみると、おそるべき迫力をもち、現代人をもはげしく感動させることがある。京都の価値のひとつは、その古美術を短時間に、安直に、数おおくみることができるという点にある。全国の国宝の四分の一は、たしかに、この都市に集中しているのだ。京都博物館は、もと帝室博物館であったものを、市がいただいた。文化国家の文化都市にあって、予算がたらず、さらに国に移管された。博物館自体が美術品を所有しているのではなくて、神社仏閣そのほかから委託をうけ、ならべるという仕くみになっている。一般むきはしないとみえて、観覧者はいつもすくない。好事家《こうずか》の数は案外あるらしく、鑑定依頼がしじゅうもちこまれるそうだ。それはみなおことわりだという。ちかごろ前庭に、ロダンの彫刻がふたつたって人気をよんでいる。京都の博物館がロダンの彫刻で有名なようでは、日本文化も地におちた。

東山を七条《ひっちょう》までさがる。博物館の北にあるのが豊国《ほうこく》神社である。いまの社《やしろ》は明治になってから再興されたものであるが、国宝唐門《からもん》は伏見城の遺構という。門前の鐘楼にかかっている鐘は方広寺の鐘。豊臣滅亡のきっかけとなった「国家安康」の鐘である。大仏は、なんども焼けたりくずれたりして、いまあるのは後世の模造品である。耳塚は、朝鮮出兵のとき、捕虜の耳をきって塩漬にしたものをうめたという。残虐行為はむかしからだ。

三十三間堂

名所旧跡めぐりも三十三間堂《さんじゅうさんげんどう》あたりまでくると、なるほど京都は国際文化観光都市であることになっとくがゆく。国際とは、英語の説明板がたっていること。文化とは、風神・雷神・二十八部衆の雄渾《ゆうこん》きわまりなき国宝彫刻群が、ほこりをあびて、さらされていることらしい。観光とは、千一体の観音さまがひかっていることだ。一三世紀、王朝末期のデザインである。ふしぎなる趣味である。それよりも、その廊下のほうがおもしろいかもしれない。とおし矢と宮本武蔵だ。三十三間堂といっても、じっさいは六十六間あるという。そのはしからはしまで、何本矢を射とおすかという耐久競争である。宮本武蔵というのは、ここで吉岡伝七郎と決闘してかつ。ただし、これは吉川英治の小説。史実はしらぬ。庶民の心は、こういう話のほうにいっそう感動する。三十三間堂は本名蓮華《れんげ》王院《おういん》、これでもお寺である。見物することは拝観と称し、やはり拝観料をとられる。

妙法院

東山七条のあたりは、見物するところがたくさんあって、順序にまよう。博物館から、東山通を東にわたると、妙法院である。もと比叡山にあったのをうつしたといい、室町時代にはたいした寺であったらしい。大書院は東福門院の旧殿で俗に梅の間といわれる。庫《く》裡《り》は豊太閤《ほうたいこう》の創建という。幕末に攘夷《じょうい》論の七卿《しちきょう》は、ここから長州おちをした。庭はまた遠州だという。七条通をわたって三十三間堂へゆく。もともと蓮華王院という寺だが、いまは妙法院の付属になっている。ほそながいお堂のなかの、千一体の金ぴか仏像は、順番に修理中である。完成までには、何十年もかかりそうだ。お堂はなかの本尊とともに国宝である。

養源院・智積院

三十三間堂の東に、養源院がある。一三世紀鎌倉時代のおとなりは、一六世紀桃山時代にとぶ。よほど日本史がしっかり頭にはいってないと、京都はほんまにややこしい。ここのよびものは、俵屋宗達《たわらやそうたつ》筆の国宝杉戸《すぎど》と、伏見城で切腹した鳥居元忠《もとただ》らの血のついた「血天井」である。智積院《ちしゃくいん》も桃山時代だ。養源院は淀君《よどぎみ》、こちらは秀吉がたてた。襖絵《ふすまえ》は国宝だ。

年中行事

名所旧跡を案内しながら、その場所ごとに話題をみつけて、京都と京都人についておしゃべりしてきたわけである。まだ、お話したいことがいくつもあるのに、相手のほうがいうことをきいてくれない。またお寺、つぎも寺で、そのとなりもまた寺だ。話題のこじつけも、もうききそうにない。自由にゆこう。年中行事の話である。京都の生活はじつにたくさんの年中行事でかためられている。たとえば八月。八月はお盆である。上《かみ》は閻魔堂《えんまどう》、下《しも》は六道《ろくどう》さんへお精霊《しょうらい》さんをむかえにゆく。一六日は大文字《だいもんじ》。地蔵盆に六地蔵まわりに六斎念仏《ろくさい》とくる。すべて、いつ、どこで、なにをするかがきちんときまっている。おのぼりさん用の観光地はしらんでも、こんなことならみなしっている。いちいち何百年の伝統をもつ。おそろしき文化である。わかい世代は、こういうものに反発して、一時とおざかるが、やがてまたもどってくる。そして伝統の継承者となる。

泉涌寺

京そだち

京都にすもうかというひとのために一言。京都のひとは、かなりつきあいにくいです。あるひとは、こう批評した。「京都のひとはイカだ。しろくすきとおるように上品だ。気をゆるしていると、いきなり墨をぶっかけた」。またあるひとはこういう。「京都のひとは冷蔵庫だ。面とむかってはさわやかだが、背をむけると首すじにゾッとするものを感じる」。いずれもいいえて妙である。つまり、ある点までくると、なにかひややかな頭《ず》のたかさがでてくるのだ。京都では人間関係についても、わずらわしいルールがいっぱいある。京そだちどうしならおたがいに身についているから、型のごとくふるまいのやりとりがあって、ことはおこらない。他郷のひとは、はじめは行儀一般論でなんとかやってくる。すこしふかい交際になると、もうルールをもたないから羽目がはずれる。そのとき京都人にはひどくいなかものにみえるのである。もちろんいなかものなどということばはおくびにもださない。ことばはあくまで丁重である。

東山七条あたりの見物をやっとおえて、東山通をさらに南下する。東海道線を陸橋でこえ、市電泉涌寺《せんにゅうじ》道から東へはいる。山ぎわに泉涌寺がある。泉涌寺というよりも塔頭《たっちゅう》観音寺の本尊十一面観音が西国《さいごく》十五番の札所《ふだしょ》なので、今熊野《いまぐまの》の観音さんの名でしたしまれている。泉涌寺は、境内の風致が幽邃《ゆうすい》なので、はじめ仙遊寺と名づけられたという。いまの寺名のおこりの泉涌水は、仏堂の西南の崖下《がけした》をながれる。四条天皇以来、天皇の御葬所となった。寺域内には月輪陵《つきのわりょう》、後月輪陵など、一五代にわたる天皇、皇妃、親王の陵がならんでいる。

東福寺

市電東山線は、その南端でおおきくまがって、南大路九条通《みなみおおじくじょう》につながる。その屈曲点に東福寺がある。禅寺で京都五山のひとつ。南都の東大寺、興福寺にちなんで東福寺と名づけられたという。宋《そう》がえりの聖一《しょういち》国師を関白九条道家が博多からまねいて開山としたとつたえられる。三門、禅堂、浴室、月華門、東司《とうす》は重要文化財。禅堂から経蔵のまえをとおり閉山堂へゆく途中、洗玉澗《せんぎょくかん》という渓流にかけられた橋を通天橋という。

行楽

春と秋は観光シーズンである。よくもこれだけくるものだと感心するほど、観光バスが市中をはしりまわる。シーズン・オフには観光バスがすく。それを市民がかりきって郊外へ行楽にでる。郊外電車も発達しているし、ゆくところに不自由はない。夏なら琵琶湖、雄松《おまつ》あたりまでおよぎにゆく。ちかまわりなら比叡山《ひえいざん》の夕すずみ。冬は冬でスキーだ。京都ではスキーがじつによく普及している。やはりバスやケーブルで、近郊の山に、わっとおしかけるが、おおむねへたくそである。東京、大阪にスケート場ができたナとおもっていると、京都にもすぐできた。洛中《らくちゅう》でもあそび場所にはこと欠かない。観光客に有名な新京極には、京都のひとはかえってあまりたちいらぬが、春は円山《まるやま》、動物園の花見である。秋は清水《きよみず》、新高雄《しんたかお》。おや、写真とは関係のないおしゃべりのはずだったのに、いつのまにか関係がついている。東福寺の通天橋は、紅葉の名所だった。

どうやらかけ足の京見物をおえました。では、さようなら。東へかえるひとは、東山トンネルのひどい煤煙《ばいえん》でむせかえらぬように。

林屋辰三郎 著『京都』――書評

書誌と解説

林屋辰三郎（著）『京都』（岩波新書）　新書判　二五七ページ　一九六二年五月　岩波書店

林屋辰三郎氏は、わたしの中学、高校、大学を通じての先輩であり、おなじ京都市民の研究者として、わたしのもっとも敬愛する学者である。その林屋さんの著書『京都』の書評を依頼され、執筆したのがこの文章である（註）。

（註）梅棹忠夫（著）「京都市民も知らない決定版京都案内」『図書』第一五五号　三六―三七ページ　一九六二年七月　岩波書店

林屋さんが『京都』という本をかくということは、数年まえからきいていたようにおもう。いま、できあがりを手にして、なるほどこれなら時間がかかったのもむりはないと、なっとくがいった。まことに入念、親切な本である。本文のことはあとでいうとして、たとえば写真がよい。北野の写真に、天満宮の額と、石の牛と、梅の枝と、梅鉢の紋のちょうちんがみえるなどというのは、いささかアクロバチックともいうべきこりようである。豊富で適切な写真が、この本をひじょうにたのしいものにしている。各章のはじめの、京都駅との関係位置をしめす略図も親切であった。文献案内、索引もありがたい。

京都のことは歴史ぬきでは話がなりたたないが、その点、林屋さんはすぐれた歴史学者だし、この種の本の著者としては、これ以上のひとはさがしてもまずみつかるまい。

しかし、この本は単なる「京都史」ではない。この都のながい歴史を、それぞれの地域のなかにさがしもとめ、歴史を地理において表現しようという、特別のくふうがほどこしてある。その意味では、この本はやはり一種の「京都案内」とみてよいだろう。空間を時間でくぎり、時間を空間であらわそうというのである。これは、すぐれた着眼であった。しかし、ほかの都市でまねてもなかなかうまくはゆくまい。こういうことのできる可能性は、著者のいうように、「京都だけがもっている」ものである。

この本がもし一種の案内書であるとすれば、これは、京都の案内書の決定版であり、また世界の各都市の案内書のなかでも、最高のできのものであろう。案内書というものは、無味乾燥な事実の羅列におわるか、興味本位の卑俗さにおちいりやすいものであるが、ここではたかい見識と正確な知識が、格調ただしい文章で、しかも興味ふかくかたられているのである。

子どものときから、京都のすみずみまであるきまわって、しっているつもりの京都市民でも、この本をよむと、やっぱりしらないところ、しらないことがずいぶんある。わたしは、京都をもう一どあるいてみたくなった。こんどは、自分の子どもをつれて。

しかし、この本は手にもって、現地にのぞんでめぐってみるというたちの案内書ではない。これは、さきによんでおくべきものである。あるいは、あとからよむべきものである。なぜかといえば、ここにのべられているのは、ひとつの体系的な歴史であるからである。

ある意味で、京都はそのまま生きている日本史である。京都の歴史をかたることは、日本の歴史をかたることにもなる。ここでは、京都を材料として、日本の歴史がかたられているのである。この本は、京都という実地に即しながらの、日本史へのよき入門書としてつかうことができる。もともと、京都への修学旅行の意義は、そういうところにあったのである。生徒たちを京都につれてゆく役の中学・高校の教師にとって、この本の出現は、おおきな福音になるだろう。いままで、こういうものがなかったのがふしぎなくらいである。

京都に関しては、観光都市にありがちな俗見や誤解がいっぱい横行している。しかし著者は、一般におこなわれている起源伝説などもうかつに信用せず、冷静な歴史家の目をもって、起源とともに変遷を、日本史全体のなかに位置づけてゆく。天満宮とかお稲荷《いなり》さんとかがなにものであるか、歴史の文脈のなかで、なっとくのゆく説明があたえられているのである。

白河の法勝寺《ほっしょうじ》あとのことは、わたしはよくしっている。しかし、その遺構によって、院政政権がいかに藤原貴族のそれと性格を異にするかを説明されるとき、わたしはやはり日本史の一ページが「わかった」とおもう。紙屋川《かみやがわ》のお土居《どい》のことも、子どものときからのおなじみだ。しかし、それが秀吉による京都の封建都市化のこころみのあとであるとおしえられるとき、わたしは、日本史における織豊《しょくほう》政権の意味が「わかった」と感じる。

著者の論点のなかで、わたしがもっとも感動したのは、著者が、「京都はなぜ千年の古都と称しうるか」を説明した部分である。応仁・文明の大乱によって、古代都市として京都は、完全にほろびさった。しかし、王朝の遺跡はすべて、桃山・寛永のルネッサンスによって復興されているのである。この指摘は、京都を理解するうえに、あるいは日本の文化を理解するうえに、ひじょうに重要な点であろう。

古代から中世へ、中世から近世へのうつりゆきは、みごとにえがかれているけれど、それにくらべると、近世より現代への歴史は、あまりにも簡略にすぎたようである。維新の動乱のころの話なども、あっけない。京都としては、近世はやはりひじょうにだいじな時期である。それが、明治以後の大発展に直接につながっているからである。明治以後の京都の近代化の秘密は、この本では、かならずしも解きあかされたとはいいがたい。

たとえば、現代の京都の「郷土産業」といえば、太秦《うずまさ》かいわいの映画産業をおとすわけにはゆくまい。その発展の理由は、時代劇のロケに便利なお寺がおおかったから、というような単純なことではないはずだが、著者は、京都における映画産業については、一言もかたっていない。林屋さんが芸能史の大家としてしられているだけに、これはぜひかいてほしいところであった。

さきほど、修学旅行の先生むきといったが、生徒や一般人に対しては、ややむつかしすぎる点がないではない。さきほどの映画もそうだが、たとえば祇園《ぎおん》や先斗町《ぽんとちょう》の花街のことはまったくでてこないのである。京都という名でおもいうかべられるものは、じっさいは、しばしば錦《きん》ちゃん・雷蔵《らいぞう》であり、だらりの帯の舞妓《まいこ》さんなのである。舞妓の起源と歴史的意味などは、だれでもしりたいところではないだろうか。

このような、いわばミーハー族的興味に対する考慮があまりにもすくないことは、この本の欠陥であろう。それを、岩波文化的高踏性であるといえば、さしさわりがあるだろうが、わたしはほんとうは、これはページ数の問題だろうとおもう。京都を、このようにあつかうには、本がちいさすぎるのである。上下二冊にして、近代のところをじゅうぶんにかきこんでもらえばよかった。

用語や文字もなかなかむつかしい。年号や地名には、もっと徹底的にルビをふらないとよめない。京都のアドレスの「上《あが》ル、下《さが》ル」だって、字画はすくないがよみかたはむつかしい。ノボル、クダルとよみあやまるひとが意外におおいのである。著者は、そこまで読者を愚民あつかいしたくないという意向らしいが、じつは賢民あつかいすることが、日本史からわかい世代をとおざけているということもありそうである。こういう点も考慮にいれて、このシステムで、ずっとやさしくかいた「京都――ジュニア版」というのをつくってもらえないだろうか。先生用ではなく、修学旅行の生徒用にである。

II 京都の性格

京都という名

解説

京都府警で発行している『平安』という雑誌がある。京都府の警察官のための教養雑誌である。その「平安随想」というコラムにエッセイをもとめられて、これをかいた（註）。

（註）梅棹忠夫（著）「京都という名」『平安』七月号　第二四巻第七号　六―八ページ　一九五七年七月　京都府警察本部警務部教養課

この都を、いつごろ、どういうきっかけから、京都とよぶようになったのだろうか。なにかの本をしらべてみればすぐわかることだろうが、気になりながらも怠慢で、まだしらない。

もともとは、京都とはいわなかったはずだ。そのかわり、ただ「京」とだけいった。比較的近年にできた熟語では、たとえば「京都府警」とか「京都放送」とか、あるいは「京都時間」というように、都の字をいれている。ふるくからある熟語には、都の字がない。

たとえば、「京人形」や「京染」のたぐいである。「いろはかるた」の最後のふだだって、「京にいなかあり」であって、京都とはいわない。

いまでも、「京」一字のよびかたがほろんだわけではない。「京おんな」という語は、おそらくふるかろうが、「京美人」のほうは、あたらしいのではないか。「京ごのみ」とか「京情緒」とかも、おそらくは近年の造語だろう。つまり、おなじこの都のことをいうにも、近代的に、ひからびて、あるいは官僚ふうにいうときには、「京都何々」といい、この都のもつ、古典的、文化的、情緒的なるものをいうときには、「京何々」という。ニュアンスのつかいわけができているのである。

ほかの都市でも、おなじようなことがある。「京」というのは、江戸とか浪華《なにわ》とかいうのにあたり、「京都」というのが、東京とか大阪というのにあたる。京と京都とは、よくにているからおもいちがいをしやすいが、京は京都の省略ではない。べつのことばなのだ。

いつごろから「京都」といういいかたが確立したか。わたしの少年時代（大正末期）には、まだふつうに、つまり情緒的な意味ではなしに、「京」のほうが通用していた。とくに、近郊農村ではつよかった。わたしがゆくと、「京のボンがきた」といったし、京都へゆくことを「京へゆく」といった。いまでも、このいいかたはのこっているのではないか。

先日おもしろいことを発見した。エンサイクロペディア・ブリタニカの、「キョウト」の項をひいてみると、二〇行ばかりの記事があり、「むかしはミヤコあるいはキョウトとよんだが、近年はしばしば、トウキョウに対してサイキョウとよばれる」という意味のことがかいてある。サイキョウはもちろん西京であろう。

わたしたちの世代では、西京ということばは、ひどく耳あたらしい。戦後、府立の大学ができて、西京大学という名をなのることになった。それをきいて、わたしたちは、ずいぶんけったいな名まえをつけよった、とおどろいたものだ。さすがに、この名はとおりがわるいとみえて、ちかごろは京都府立大学と改名してしまった。なお、西京商業高校というのがあるが、これはまったく意味がちがう。学校の所在地の「西ノ京《にしきょう》」をちぢめていっただけである。

わたしたちのおやじの時代、あるいはおじいさんの時代、つまり明治時代には、ほんとうに京都のことを西京とよぶいいかたがおこなわれていたようである。そのころのかきものなどに、ときどき見うける。たとえば、同志社の新島襄《にいじまじょう》が一八八五（明治一八）年にかいた手紙のなかに、「本年西京に伝道会あるとき……」とある。もっとも、おなじころにおなじひとが、ほかの手紙では「京都」とかいているところもあるから、「京都」と「西京」はならびおこなわれていたものとみえる。エンサイクロペディア・ブリタニカの記事は、おそらくはその時代に日本にいたひとの知識にもとづいているのではないだろうか。この事典は、正確だけれど、ところどころ、時代おくれの点がある。

京を西京というようになったのは、江戸が東京になってからだ、という推定は、おそらくただしいだろう。江戸を東京とよぶならば、それに対応して京を西京とよぼうという発想は、たしかに自然である。名古屋のことを「中京」とよぶのも、そのついでに発生した習慣かもしれないが、これは誤用というほかはない。名古屋は、いまだかつて一ども「京」であったことはない。「京」とは、首都のことである。

それでは、東京はいまでも東京なのに、西京のほうは、どういうわけでもちいられなくなってしまったのだろうか。なぜ、京都といういいかただけに固定してしまったのだろうか。

それはわたしは、「西京」というよびかたが、京都市民のお気にめさなかったからだろうと推量している。西京といういいかたは、つまり東の京たる東京に対するもので、東京と同格の、肩をならべたいいかただ。それが京都のひとの気にいらないのである。「東京みたいなとことくらべられて、たまりますかいな」というほどの気もちが、西京という語をさけて、京都という語を採用せしめた原因になっている、とみるのである。京都にはたしかに、そういう気ぐらいのたかさがある。こっちのほうが一枚上だという意識がある。

じっさい、それについて、こういう話をきいたことがある。ある年よりの京都の商人の話である。わかいころ、よく東京へあきないにいった。そのころは、むこうで、「やあ、西京からおいでなすったか」などといわれたそうだ。そういうときには、「いいえ、京都からきました」とこたえることにしていたという。なかには、京都のひとでありながら、「どこですか」ときかれると、「へえ、西京です」などというひとがいた。そういうひとを、きっすいの京都のひとはさげすんだものだ、という。

かんがえてみると、京都という名まえは、おかしな名まえだ。「京」も「都」も、「みやこ」ということだし、首府ということである。首府でもないのに、そんな名を平気でつかっている。中国のひとは、京都と東京とをよく混同するそうだ。京都とは、字からみてあきらかに首府のことだし、日本の首府は東京なのだから、京都とは東京のことだ、とおもうのである。むりもないことだ。首府と名のつく都会が、ほんとの首府のほかにもうひとつあろうとは、まさかおもうまい。

わたしがおもしろいとおもうのは、その首府を意味する京都というよびかたが、あきらかに近代になってから確立してきたという事実である。すなわち、名実ともに日本の首府でなくなってから、首府を意味する名を、みずからの名として採用しているのである。しかも途中で、西京などという「やすけない」（やすっぽい）名は排除しつつ、そのよび名を確立させたのである。

このへんのところに、京都市民の度しがたい中華思想と、首都を東京にうばわれたことに対する複雑な反応とを見ることができるようにおもうのだが、どうだろうか。

儀典都市

解説

京都と天皇との関係は周知のとおり、まことにふかいものがある。天皇さまに京都におかえりいただきたいというのは、京都市民の年来もちつづけている悲願であろう。ここに記録したのは、それに関する一文である。

『サンデー毎日』は一九五九年に「宮内庁にもの申す」という巻頭特集をくんだ（註）。それにもとめられてかいた記事がこれである。これは原稿で手わたしたが、記事としては、わたしの日ごろの言説をおりまぜて、談話のかたちで掲載された。手わたした元原稿がのこっていたので、原文のままここに収録した。

（註）「宮内庁にもの申す――〝菊のカーテン〟の内側」『サンデー毎日』一月一一日号　第三八年第二号　通巻第二〇七六号　一一―一九ページ　一九五九年一月　毎日新聞社

他人がかってにその住居の移転を論じるのはさしでがましいようだが、国家の公的制度としての天皇というものをかんがえれば、皇居移転問題を、国全体の国土計画から論じることは当然ゆるされてよいはずだ。

国土計画の点からいうと、京都という都市の、日本における機能は、儀典都市というのがいちばん適切だとおもう。自然も町もうつくしく、しずかである。歴史的なモニュメントもそろっているし、舞台装置に不足はない。すでに国際的にはそういう評価をうけているのであって、だからこそ、こんどつくるという国際会議場*は、京都にもってゆこうということになるのであろう。

国内的あるいは国際的な儀式は、みんな京都にもってくる。立役者はもちろん、国の象徴天皇ご自身である。ここで、華麗な儀典をくりひろげる。演出をうまくやれば、これはたいしたショウになる。

国際的な観光都市として立とうという京都の立場からすれば、これはちょっと見のがすことのできない大観光資源である。京都市長は、ほかにとられないうちに、いそいで天皇還幸をねがいでるべきであろう。

首都と王都がべつになっているという例は、外国にもないではない。ラオスの首都はヴィエンチャンだが、王都はメコン川をはるかにさかのぼったルアン・プラバンという町である。各国大使館は、ヴィエンチャンにあるが、赴任してきた大使は、ルアン・プラバンまでおもむいて、王宮に伺候《しこう》し、王さまに信任状を奉呈する。交通不便なラオスでもこれでやっている。東京と京都のあいだなら、べつに不便もなくやってゆけるとおもうが、どうだろうか。
儀仗兵《ぎじようへい》をつくり、はなやかな服をきせる。うつくしく現実ばなれのした鹵簿《ろぼ》をつくる。天皇はそれにのって、ときどき建礼門をでられて市中を散歩される。市民も、外国人観光客も、歓呼してそれをおむかえする、というような光景はなかなかよいとおもうがどうだろう。

＊　国立京都国際会館は、一九六六年五月、洛北《らくほく》の宝ケ池に完成、開館した。

追記

天皇還幸論はわたしの年来の持論で、あちこちで一席ぶったりしていたようである。つぎの論評がのこっている（註）。筆者の城戸元亮《きどもとすけ》氏は言論界の長老で、当時、『京都新聞』に「ガマのあくび」というコラムを連載されていた。そのひとつに、わたしの天皇還幸論をとりあげられた。ここにその全文を引用させていただく。

天皇御帰郷　　　　城戸　元亮

梅棹大阪市大助教授が、還都論をいい出した。天皇を、東京から元の京都に連れ戻せというのである。天皇の本宅は京都で、東京は行在所《あんざいしょ》に過ぎない、政治の中心まで移されてはうるさいが、京都を儀典都市として、天皇がここで外国の使節を引見されたりしたら、京都はたちまちいきを吹き返すだろうという趣旨である。

京都の欠点は、これという産業がないことである。観光都市として立つほかはないが、天皇がふたたび居をここに構えられることになったら、京都振興策としては百万力であろう。助教授は、一時の座興としていったのかもしれないが、たしかに思いつきである。京都還都論は、いまにはじまったことではない。以前からあった。東京大震災の際も、この説を唱えた人があった。京都は、東京に比べて、震害がすくないからというのであった。主として、皇家《こうか》の安泰を期するための主張であった。梅棹助教授の説は、これを京都繁栄の一策として考えている点に異色がある。

とうてい、実現性はないが、一片の夢物語に終らしめるのは惜しい。何かそこに一工夫ないものか。

私は、天皇を梅棹氏のいわゆる京都の本宅に迎えて、やや長期の出開帳《でがいちょう》を願ったらどうかと思う。時は択《えら》ばないが、春秋の二期が、もっとも適当であろう。花、紅葉に、天皇も輿を催されることができるだろうし、観光を兼ねて入洛《にゅうらく》する者が、いわゆる竜顔玉容《りゅうがんぎょくよう》を拝せんがために雲集するだろう。

春秋各一か月、欲をいえば各二か月にしたい。天皇の国事に関する行為は、京都で行われたらいい。必要があれば、首相以下各閣僚が京都に出懸けて来ればいい。急ぎの用には飛行機がある。長期滞在というに過ぎないから、宮内庁などもそのままでいいし、供奉員《ぐぶいん》も少数で足りる。皇室のお台所に響く恐れはない。何よりいいことに、これは天皇の御一存で決まる。何等特別の措置を要しない。天皇がその気になられたら、万事それで解決する。

蜷川《にながわ》知事や高山市長は、ここで一はだ脱いで、上京嘆願に及んではどうか。

ここで城戸氏がいわれる、わたしの発言がどこでおこなわれたものか、わたしの側には記録も記憶もないが、城戸氏の記事は一九五七年八月のことであるから、それ以前にさかのぼるものであることはまちがいない。

（註）　城戸元亮（著）「天皇御帰郷」『天皇新聞』一九五七年八月一六日

アジアのなかの京都

解説
この文章はＮＨＫ京都放送で放送されたものの、元原稿である。放送の日時の記録はうしなわれて、一九六〇（昭和三五）年という以上のことはわからない。

1

インドの、ガンジス川の中流にベナーレスという都市があります。インドふうにいうと、ヴァーラーナシーといいます。ふるい、ヒンドゥー教の聖地で、ヒンドゥー寺院がたくさんあり、インド各地からの巡礼者のむれでにぎわっております。

ベナーレスはヒンドゥー教の聖地ですが、その郊外にサールナートというところがあり、これは仏教の聖地になっています。古代の仏教遺跡があります。お釈迦《しゃか》さまがはじめて説教をなさったところ、つまり初転法輪《しょてんぽうりん》の地が、このサールナートです。

インドは、仏教発祥の地ですから、なんとなくインドにはたくさん仏教徒がいるようにおもっておられるひともありますが、現代のインド人はその大部分がヒンドゥー教徒で、仏教徒はほんのわずかです。そして、そのほんのひとにぎりのインド仏教徒の中心が、このサールナートです。ここには中国ふうの仏教寺院があり、また、黄衣のビルマ僧がいています。マハーボディ・ソサエティー（大菩提協会《だいぼだいきょうかい》）という仏教団体の本部があり、インドふうの仏教寺院があります。その内部の壁面いっぱいに、日本人の仏画家、野生司《のうす》香雪《こうせつ》氏のえがいたお釈迦さまの一代記の壁面があるので有名になっています。

さて、その大菩提協会の寺院にはいりますと、その入口の廊下のうえに、りっぱな釣鐘がつるしてあるのです。漢字の銘があって、「京都　高橋才二郎鋳」とあります。京都の鐘屋さんでつくったものなのです。

「鐘一つうれぬ日はなし京の春」。宝井其角《きかく》のもとの句は「江戸の春」ですが、この句はむしろ京にこそふさわしい。京都はむかしから仏教の都です。そして、仏具の大生産地です。そして、インドまで鐘が売れているのです。

そういえば、こんなことがありました。ヒマラヤの南斜面に、チベットとインドとのあいだに、ブータンというちいさな国があります。住民は、どちらかというとチベット人にちかいのですが、独自の言語、文化をもっています。そして、仏教国です。そのブータンの王妃が、先年おしのびで日本にこられました。そして京都見物をなさったのですが、そのとき、とびきり上等の、りっぱな仏壇をお買いになりました。よそのにくらべて、京都の仏壇は格段にできがよいと、おほめになったそうです。

日本では、不信心の徒がふえて、仏具・仏壇はだんだん売れなくなってきているようです。仏壇のない家がふえてきているといいます。買うとしても、プラスチックの仏壇ですませている家庭もあるようです。それにくらべると、アジア諸国には、まだまだ熱心な仏教信者がたくさんいます。たしかに、タイやビルマ、セイロン（現スリランカ）などは、おなじ仏教徒といっても、いわゆる小乗仏教、あるいはテーラワーダ仏教といわれるもので、わたしたちの国の大乗仏教とは宗旨がちがいます。しかし、やはりおなじ仏教徒ですから、共通点はたくさんあります。

ひょっとすると、全アジアの仏教徒のなかに、格段に質のよい京都の仏壇・仏具に対する巨大な需要がまきおこって、仏具産業は、外需による大産業になるかもしれません。日本人の心のふるさと、日本のなかでもっとも日本的とおもわれている京都でさえも、意外なところで外国とつながっているものです。

2

ベトナムの国は、いまふたつにわかれています（註）。北緯一七度線を境にして、北ベトナムと南ベトナムになっています。戦前はフランス領で、北部のトンキン保護領と、中部のアンナン帝国、これもフランスの保護領でした。それと、南のコーチシナ直轄植民地です。この三つの部分にわかれていました。中部のアンナン帝国には皇帝がいて、首都はいまのフエ、フランスふうに発音すればユエにありました。

一七世紀のころ、いまのベトナムの全土が安南《あんなん》とよばれておりましたが、やはり現代とおなじように、南と北のふたつにわかれて、おたがいに勢力をきそっておりました。その、北の王さまから、日本の、京都の、一商人にあてた手紙がのこっております。その内容は、その商人のもっている貿易船に、ぜひ当方に寄港してほしい、というものです。品物を、南ではなく、こちらにあげてくれ、というわけです。

なぜ、京都の商人に安南の王がこういう手紙をかいたのでしょうか。その商人の名は、茶屋四郎次郎《しろうじろう》といいます。茶屋家は当時の京都の大資本家です。ときの権力者、豊臣秀吉から、御朱印船の特許をうけて、さかんに安南貿易をやっていました。四郎次郎という名は、代々その名を襲名しますから、ひとりの人物というわけではありません。とにかく、歴代の安南貿易を独占していた大貿易商です。

茶屋家はもともとは呉服商なのですが、安南貿易に際しては、日本からの輸出品目として、たくさんの武具をつんでいったようです。日本刀とか、かぶと、よろい、槍《やり》などです。いまでいうところの「死の商人」だったのです。ちょうど安南では、北と南にわかれて死闘をつづけています。北の殿さまとしては、すばらしく性能のよい日本製の武器を南に陸あげされてはたまりません。ぜひ当方で買いうけたい、というのがさきほどの手紙の意味なのです。

その当時、日本の安南貿易の拠点は、ツーランとファイフォです。いまはそれぞれ、ダナンとホイアンと名がかわっていますが、どちらもフエのすこし南の港町です。京都の貿易船は、この港に入港したのです。どちらにも日本人町がありました。わたしは、このふたつの町にはどちらもゆきましたが、当時の日本人のお墓がのこっています。

京都に貿易商がいたのです。海もないのに、海外貿易の大資本家は、京都に集中していたのです。茶屋家のほかに、後藤家、角倉《すみのくら》家とあわせて、京の三長者といわれておりました。それらの貿易商の活躍によって、この、海のない京都が、東南アジアの国ぐにと、緊密な糸でむすばれていたのです。

寛永の鎖国のあとは、もちろん貿易はだめになります。しかし、それまでに蓄積された巨大な財力が、その後の京の寛永文化をつくってゆくのです。それはそのまま今日の京都文化の基礎となるものですから、京都とベトナムとは、あさからぬ因縁《いんねん》でむすばれていたのだといってもよろしいでしょう。ある伝説によれば、祇園祭《ぎおんまつり》のあの長大な鉾《ほこ》は、鎖国によって不用になった御朱印船の帆柱をもってきたものだといいます。なるほど、とおもわせる話ではありませんか。

(註) 一九七六年、南北ベトナムは統一し、ベトナム社会主義共和国となる。首都はハノイ。

3

インドの北には、ヒマラヤ山脈のたかい峰みねが白雪にかがやいています。ヒマラヤ山脈の北側は、荒涼たるチベットの高原、そして中央アジアです。

チベットで大動乱がおきたことは、ご承知のとおりです。そして、たくさんのチベット人がヒマラヤをこえてインドやネパールに避難してまいりました。チベットの宗教的最高権威者ダライ・ラマも、ヒマラヤをこえてインドに逃げてきたのです。

チベットからシッキムをとおってインドの西ベンガル州におりてくる途中に、カリンポンという、ちいさな町があります。そこにはさまざまな民族がすんでいますが、亡命チベット人もたくさんいます。そのカリンポンの町をあるいていて、わたしはひとりの男によびとめられました。チベット人です。チベット服に中折帽《なかおれぼう》をかぶっています。日にやけて、精悍《せいかん》な顔つきです。

おどろいたことには、日本語をしゃべるのです。「日本人だろう、どこからきたか」とたずねますから、京都だというと、「ああ、京都！　おれは京都にいたんだ」というのです。日本語はだいぶんあやしくなっていますが、なつかしくてたまらないというふうで、京都のことをいろいろきくのです。「京都は、どうなっていますか」

きいてみると、チベット人ではありませんでした。モンゴル人なのです。モンゴル人もチベット人も、われわれとおなじ仏教徒です。かれは、戦前にモンゴル人留学生として京都の本願寺にいたのだそうです。モンゴルへかえって、その後事情があって、はるばる中央アジア、チベットをとおって、ここカリンポンに亡命してきたのだということです。なつかしい京都。京都はどうなっていますか。京都は、戦災にもあわずに、むかしよりもうつくしくなっていますよ、というと、ほんとうによろこんでくれました。

もうひとり、中央アジアのひとのことをお話しします。砂漠の国、アフガニスタンのことです。わたしがアフガニスタンの首都カーブルに滞在していたとき、ひとりのりっぱな紳士がたずねてきました。鉱山技師で、政府のお役人だそうです。みごとな日本語をしゃべります。このひとは、戦前に京都大学に留学して鉱山学をおさめたのだそうです。七年間も京都にいたといいますから、日本語がりっぱなのも当然です。そして、やはり京都をなつかしがって、いろいろたずねるのです。「あの、大学の近所、百万遍《ひゃくまんぺん》あたりはどうなっているでしょうね……」

京都は、学術の都、芸術の都、宗教の都です。京都は、戦後にわかに国際文化都市になったのではありません。ずっとまえから、京都の文化をもとめて、アジアの各地から、留学生がきているのです。アジアのいたるところに、京都の友人がいることをわすれることはできないとおもいます。

4

パキスタンの首府はカラチです。ヨーロッパゆきの飛行機もみんなここによってゆきます。しかし、この都市はあたらしく発展してきた港町で、もともとこの国の中心的な都市は、はるか北方にあるパンジャブ地方のラホールという都市です。

　わたしはラホールで、ひとりのインテリにつかまりました。日本のことをいろいろ聞きたがるのです。文学青年らしく、近代日本文学の傾向というようなことを話題にしたがるのですが、あきれたことには具体的なことがらはなんにもしらないのです。これでは説明の仕ようもありません。

　かれがしっていた日本関係の固有名詞は、ふたつだけでした。そのひとつが、賀川豊彦の名です(註)。賀川豊彦はいまどうしているか、などとたずねます。もうひとつの固有名詞は、地名です。それも京都の地名なのです。なにでしょうか。もうおわかりかとおもいますが、世界的にもっとも有名な京都の地名です。つまりラッショモンです。

　もちろんかれは、映画『羅生門《らしょうもん》』の題名としてしっているだけです。わたしは、それが地名というよりは、正確には、古代帝国の首都としての京都の城門の名であることを説明いたしました。かれは了解しましたが、同時に、あの映画の舞台となった京都を、あの映画のような町と了解したようです。時代のちがいがわからないのです。このラホールなんかよりもはるかに近代的な都市であることをなっとくさせることは不可能でした。

　パキスタンにおけるもうひとつの大都市、カラチでのことです。カラチは海岸にあるのですが、背後はまったくの砂漠で、おそろしくあついところです。そのカラチで、やはり京都製の、そしてやはり京都を題材とした映画をみました。それは、『地獄門』です。

　この映画は、色彩はとてもうつくしいのですが、こういう環境でみると、ずいぶん変てこなんです。パキスタンはイスラームの国ですから、女性は外出のときは、くろい被布《ひふ》を頭からすっぽりかぶっていて、顔をみせないのです。ところが、映画のなかの京マチ子の袈裟御前《けさごぜん》も、やっぱりカツギをかぶってでてくるではありませんか。また、男は、カラーの加減かなにかで、ものすごい色になっています。パキスタンの男性とほとんどかわらないような色なのです。けっきょく、京都もカラチもおんなじようなものだといって、わらいあいました。

一般に、アジア諸国では日本の時代劇がうけているようです。東南アジア諸国でもチャンバラは人気があつまります。そういう時代劇は、たいていは京都でつくられたもので、京都が舞台になっていることがおおいのです。こうして、アジア各国の人たちはずいぶん京都の風景を目にしているわけです。それはけっこうなことですが、同時にその人たちは、現代の京都については、とんでもなくゆがんだイメージをもっているかもしれないのです。ものごとは、なかなかうまくゆかないものだとおもいました。

（註）賀川豊彦（一八八八―一九六〇）。キリスト教にもとづく社会事業家で、その名は海外にひろくしられていた。

5

タイでみつけた「京都」のお話をいたします。ほんとうは、まちがいだったのですが……。

東南アジア諸国には、戦前からずいぶんたくさんの日本人が「進出」しています。経済界においても、華僑《かきょう》にまじって商売をしている日本人もたくさんいます。銀行なんかもでております。ラオスの首都ヴィエンチャンには東京銀行の支店があり、数人の日本人がいて、さかんに取引をやっておりました。

ところで、わたしはタイの地方都市で「京都銀行」を発見したのです。看板はタイ文字ですが、それとならんで、漢字でちゃんと「京都銀行」とかいてあるのです。わたしは一瞬びっくりして、京都銀行がなんでまたこんなところに進出しているのか、とおもったのですが、すぐ気がつきました。これはちがうのです。「京都」がちがうのです。「京」という漢字の意味はもともと天子の居城ということで、ひいては一国の首都を意味します。「都」も、これは大都会あるいは一国の首都のことです。「京」も「都」も、どちらも「みやこ」なのです。だから、「京都」といえば、「みやこ・みやこ」で、これはつまり、首都ということになります。

そこでタイの「京都銀行」ですが、タイで「京都」といえば、もちろんバンコクのことです。それで、「京都銀行」というのはバンコク銀行のことです。わたしは、地方都市にあるバンコク銀行の支店の看板をみたのでした。タイ字のよめない華僑のために、漢字で「京都銀行」とかいてあったのです。

「京」というのは一国の首都のことですから、国名に京をつければ、その国の首都のことになります。だから、タイの首都バンコクは泰京です。ラオスの首都ヴィエンチャンは遼《りよう》京《きよう》といいます。日本の京都は、やっかいなことに「首都」という意味の名をもっているために、当然それは日本の首都のことだとうけとられ、現在の日本の首都は東京だから、日本の京都というのは東京のことだとうけとるひとがあるようです。京都の人間としては、はなはだおもしろくないことですが、漢字をつかっているかぎり、こういう誤解はなくならないかもしれません。いろいろおもいもかけないことがあるものです。

京都に関する一一章

解説　修道社という出版社から『世界の旅』という雑誌が発行されていた。それが、京都特集をやるということ。その巻頭論文として「京都論」をもとめられた。京都という都市、および市民の性格、京都文化の特質について裁断せよという注文であった。そのもとめに応じて執筆したのが、この文章である（註）。通常は一二章でまとめるものであろうが、かいてみたら一一章たりなかった。一一章のまま掲載した。

（註）梅棹忠夫（著）「京都に関する十一章」『世界の旅』九月号　第二六号　一一－一九ページ　一九六一年九月　修道社

ホンコン青年のおどろき

先日の新聞に、はじめて京都をおとずれたあるホンコンの青年の話がのっていた。かれにとって日本は、いわばとなりの国のことだから、京都のこともしばしばよんだりきいたりして、よくしっている。すくなくとも自分では、よくしっているつもりであった。それが、じっさいに京都にやってきて、おどろいた。かれは、古風な建物ばかりがたちならぶ、小ぢんまりした町を想像していた。京都がこんな近代的な大都市であるとは、夢にもおもわなかった、というのである。

京都にすんでいるものからいうと、京都を古風な建物ばかりのちいさい都市と想像していた、ということのほうがおどろきである。どうしてそんな変なことをかんがえていたのだろうか。しかし、よくかんがえてみると、むりのない点もある。京都の観光宣伝といえば、たいていは「古風」なほうに重点があって、近代のほうはかすんでいる。

ホンコン青年ばかりではない。日本青年にも、その種のおもいこみはすくなくない。明治維新で首都が東京にうつるまでは、ここが日本の首都であったという歴史的知識は、たいていはもっている。しかし、それとともに、京都は歴史の進行を停止したようなことをかんがえている。そして、きてみて、空にはキャバレーのアドバルーン、街頭にはパーキング・メーターがたちならぶのを発見して、がっかりしたり、憤慨したりする。

京都の市民の立場からいえば、がっかりするのはかってだが、憤慨されてはめいわくだ。首都みたいな大都市に、凍結された史跡だけをみにくるほうがまちがっている。歴史だけでは一二〇万もの市民がくってゆけるものではない。アドバルーンもパーキング・メーターも、あるのが当然である。

ここでわたしは、いわば「京都概論」というようなものをかくことをひきうけてしまったのだが、史跡めぐりの話を期待されたら、また「がっかり」と「憤慨」とだ。史跡なら、そこらにゴロゴロしているから、どうぞかってにごゆっくりごらんください。わたしは死んだ歴史より、生きている歴史のほうに関心がある。生きている京都とはどんなところか。

首都をとりかえせ

終戦直後のことである。マッカーサーが京都に進駐する、といううわさがとんだ。占領軍司令部は京都におかれ、ここがあたらしい日本の政治的中心になる。京都がふたたび日本の首都になる、というのである。

東京が爆撃でさんざんな目にあって、廃墟《はいきょ》のようになっていたときのことだから、進駐軍が、まるで戦災をこうむっていない京都の町に目をつけるだろうというのは、なるほどありそうな想像だった。はじめからそのつもりで、やかずにのこしたのだ、というようなことをいうひともあった。そして、あたらしい日本の支配者、マッカーサー元帥の住居には、ふるい日本の支配者、天皇の住居、すなわち京都御所が予定されている、というような、まことしやかな話もあった。

しかし、マッカーサーは天皇ではなかった。御所のような古代的な建物には興味がなかったのだろう。そんなところにすもうとはしなかった。じっさい、ひさしく政治と経済の渦からとおざかっていた京都では、天下に号令することはすでに不適当となっていた。敗戦直後の混乱時代といえども、現代日本の機構はすでにそれほど巨大で複雑なものとなっていたのである。

マッカーサー司令部が京都にくるといううわさは、おそらくはまったく根拠のないものだったろう。それでは、なぜこんなうわさがとんだのかというと、ひとつにはこれは、京都人の希望的観測ということもあったのではないだろうか。もっとも、この「希望的」ということばの内容は、なかなかデリケートである。京都人がマッカーサーを歓迎するという意味ではけっしてない。まして、マッカーサーが京都御所にすんでいるところなど、想像しただけで気もちがわるくなる。権力をうしなった天皇さまへの同情というよりは、あのうつくしい建物と長身の軍服姿とのくみあわせは、だいいち、京都人の美的感覚にさからうものである。そういうことよりも、日本の政治的中心が、もう一ど京都にかえってくるかもしれないというのが、京都人にとっては、ちょっと魅力だったのである。首都をとりかえせ！　首都がかえってくるなら、少々の美的不快感はしんぼうしてもよい、というのが、京都の市民たちの本音ではなかっただろうか。

王城の地――フィクションの都

首都をうばわれた、という意識は、遷都以来一世紀にもなるのに、京都市民の心からけっしてきえさってはいない。京都が日本の首都でなくなったなんて、それは不合理きわまる、ありうべからざることである。もともと京都には、つよい中華思想があって、なんでも京都のものが最上だとかんがえたがる。京都は、日本最上の地であり、首都をさだめるのにもっともふさわしい土地である。そんなことは自明の理であって、議論の余地はない。ここは、むかしからの「王城の地」である。

しかし、いくら「王城の地」を主張してみたところで、現に天皇は東京におられて、京都御所はあき家ではないか。ところが、京都的理論にしたがえば、それはそうではない。明治維新のときに、天皇は東京へ行幸された。そしてそのまま、そこにおとどまりになったというにすぎない。だから東京は行在所《あんざいしょ》であって、本宅は京都御所だ、というわけである。だから、京都は旧都ではないのであって、いまなおお帝都だという。

おそらくは、明治のはじめに、東京遷都に反対する市民の世論をなっとくさせるためにつくりだされた論理であろうが、いまでも、中年以上の京都市民はみなこの説を信じている。実質は、即位式が京都御所でおこなわれるというだけで、ほかにはたいしたイベントもないのだから、帝都といってみたところで、それはひとつの虚構にすぎない。京都は、首都の幻想に生きるフィクションの都である。

フィクションの都といえば、京都という名まえが、そもそもはなはだ珍妙である。「京」も「都」も、どちらもミヤコであり、首府を意味する。それを平気でつかっている。中国人は、京都と東京をよく混同するそうだ。むりもない。ほんとうの首都のほかに、「首都」

という意味の名をもつ都会がもうひとつべつに存在しようとは、まさかおもうまい。

明治のはじめに、東京という名に対して、西京という名があったようだ。しかし、この西京という名は、京都市民のお気にめさなかった。意識的にボイコットしたのだ、という話もきいている。東京なんかとくらべられてたまるか、というような気もちがあったのだろう。とにかく、だれもつかわず、わすれさられてしまった。いまでは、府立西京大学に、*かすかにその名ごりをとどめているが、西京とは京都のことかと、あらためてかんがえてみなければわからないほどになっている。

とにかく、名まえだけはたしかに「首都」を確保した。こうして京都のフィクションは成立したのである。

＊　この西京大学という名もきらわれて、現在は京都府立大学という名にかわっている。

首都型——バランスの都

だいたい、明治維新のまえから、京都が首都であったというのは名目的である。日本の実質的な権力者は徳川将軍だから、江戸が首府である。人口も、江戸のほうがはるかにおおかった。

現在の京都市の人口は、ほぼ一二〇万。*維新直後には、三〇万をきっているから、そのあいだに約四倍にふくれあがったことになる。東京あたりの膨張ぶりにはとおくおよばないけれど、それでもいちおうはおおきくなったものだ。いったい、どうしてこんなにおおきくなったのか、見当がつかない。

そもそも、いったいなにでくっているのかわからないような都市である。どこの都市だって、工業とか、物資の集散地とか、観光地とか、かなりはっきりした性格があるものだが、京都はいったいなんだろう。よくひとは「観光都市」などというけれど、それはまちがいである。観光でくっている市民の数なんて、しれたものだ。学都というが、学問もあんまり飯の種にはならない。産業といっても、みるべきものはほとんどない。西陣織に清水焼《きよみずやき》、京扇に京人形。きれいだけれど、腹のふくれるようなものはひとつもない。やや特色のあるのは、おなじみの映画産業だが、これはまた、文字どおりフィクションで成立している産業である。

とにかく、なにやかやのよせあつめで、どうやらこうやらやっている。群小都市ならしらず、これが日本第三の大都会の話だからおどろく。＊＊もっとも、ほんとうの首都型の都市というものは、どこでもこういうものだそうだ。都市としての性格にかたよりがなく、いろいろな要素がバランスよくふくまれている。その意味では、京都はやはり日本でいちばん首都的な型の都市というべきかもしれない。

＊　二〇〇四年七月一日現在、人口一四七万人。

＊＊　現在は日本第六位。

固有のプロレタリアート——マニファクチャーの都

いまでは京都といえば、およそ工業などとは縁がとおいような印象を一般にあたえているが、もともとは工業的要素もじゅうぶんにそなえていた。一八世紀の京都は、おそらく世界屈指の工業都市である。もっとも、工業といっても近代的工業ではない。産業革命以前のマニファクチャーである。そして、西陣はその大中心地であった。

今出川《いまでがわ》大宮の織物館まえに、西陣の由来をしるすおおきな石碑がたっている。このあたりが、西陣の中心である。西陣織というと、現代の日本が生産しうるもっともうつくしい織物のひとつである。織物館には、そのみごとな作品が展示してある。どんな芸術的な環境から、こういううつくしいものがつくりだされるのだろうかと、みるひとは想像するかもしれないが、じっさいは、現代日本の産業組織のうち、もっともくらいもののひとつから、それはつくりだされてくるのである。

全体の組織としては、ちょっと出版業に似ている。版元にあたる織元があって、売りだすべき作品を決定する。資材の手配をし、工場に製品をつくらせて、その販売をする。自分で工場をもっているのもあれば、下請にだすのもある。各工程のひとつひとつに独立の職人がいて、すべての職種をかぞえあげると、西陣だけでおびただしい数になる。そして、そのほとんどすべてが、賃仕事の職人である。かれらは、腕一本のほか、なにももっていない。それは、近代工業が発展する以前から、日本の手工業のなかからあらわれてきたところの、固有のプロレタリアートたちであった。

京都という都市は、成立がふるいだけに、その社会的性格も、しばしばきわめて前近代的、封建的とかんがえられやすいが、それはあたらない。じつは、日本のなかでも、固有のかたちで階級分化がもっともはやくすすみ、それだけ近代化していたともいえる。西陣の労働者たちは、近代的大工場の労働者のようなかたちでは組織されてはいないけれど、それはそれなりに、強烈なプロレタリアートの意識をもっていた。それは、親分に対する封建的な忠誠というものとは、まったく異質のものである。一見封建的とさえみえる京都で、むかしから左翼勢力が意外に根づよくて、しばしばひとをおどろかせるが、その理由のひとつは、この工業都市としての歴史にあるのではないかと、わたしはかんがえている。

資本家のゆくえ——斜陽の都

プロレタリアートの織子に対して、織元のほうはブルジョワである。西陣のほかに、室《むろ》町《まち》あたりに繊維ものをあつかうりっぱな店がならんでいて旦那衆《だんなしゅう》がたくさんいた。

京都はもともと、大阪とならぶ巨大な商業都市でもあった。南海、四国、九州は大阪商人の勢力範囲だけれど、日本海側とくに北陸は伝統的に京都商人の勢力下にあった。それほどの京都商人が、どういうわけかすっかりおち目になってしまった。いまでも室町、西陣の旦那衆はいるけれど、その資本力において、とうてい大阪財界などとくらべるわけにはゆかない。ケタちがいのものになりさがってしまった。よそのすすみかたがはげしかったのである。近代資本主義の発展に、京都は完全にたちおくれてしまった。その意味で、京都はたしかに斜陽都市である。

それでも、明治以後の日本資本主義の勃興期《ぼっこうき》に、京都のブルジョワたちが、なにもしないで手をこまねいていたというわけではない。たとえば、水力発電などは全国にさきがけてやった。琵琶湖からひいてきた疏水《そすい》の水を利用したのである。都市の産業革命のために、いちおうは有効適切な手をうったものといえる。

映画産業というような、特色ある産業が発達したのも、京都の資本家のあたらしいうごきのひとつであった。はじめて映画の機械を輸入したのは京都の稲畑商店であるが、それをひきうけたのが当時西陣で芝居小屋を経営していた先代のマキノである。目玉の松ちゃんなどという当時の名優をつかって映画をつくりはじめたのが、日本の映画産業のはじまりだった。

その後、長谷川一夫から山本富士子にいたるまで、おびただしい映画人を京都は産出したが、資本のほうはどうだろうか。太秦《うずまさ》を「日本のハリウッド」などというけれど、撮影所がたくさんあるというだけで、これが京都資本の精華であるとは、ちょっといいがたいのではないか。京都の資本は、どこへいってしまったのだろうか。

挫折せるブルジョワ——芸妓文化の都

京都資本のゆくえについては、ひとつのかんがえがある。

明治維新で、天皇以下えらい人がみんな東京へいってしまって、京都がひどくさびれてしまった。これではいけないというので、官民ともに、京都の復興策にいろいろ知恵をしぼった。なかでも、奇想天外、大あたりをとったのが「都をどり」である。

さいわいにして、徳川時代を通じて、京都にはりっぱな芸妓《げいこ》がたくさんやしなってあった。これにおどりをおどらせて、客よせをさせようというわけだ。一八七二（明治五）年、第一回京都博覧会の余興にやらせたのが、連綿としていまにつづいている。

祇園《ぎおん》の「都おどり」に対抗して、先斗町《ぽんとちょう》の「鴨川《かもがわ》おどり」、上七軒《かみしちけん》の「北野おどり」、ついには東京にまで伝染して「東《あずま》おどり」などと、亜流が続出した。おどりのお師匠はんが芸術院会員になって、当代一流の文化人たちが、神妙な顔つきでそのおどりを拝見するということになった。たいした芸妓文化である。

京都の芸妓・舞妓《まいこ》というものは、もともと京都のブルジョワたちが、金に糸目をつけずに、念いりにそだてあげた、きわめて特殊な愛玩物《あいがんぶつ》である。金に糸目をつけないものだから、常識ではかんがえられないような、とほうもない人間文化財ができあがってしまった。芸はするかもしれないが、ちょっと世界に類のない、むちゃな制度である。

なぜ金に糸目をつけなかったかというと、それにはわけがある。徳川時代の京都には、大ブルジョワがたくさん軒をならべていた。かれらは、お金をもうけても、海外貿易は禁じられているし、国内にもそうやたらに投資の対象があるわけでもなし、けっきょく、みんな女に投資したのだとおもう。おかげで、世界に類例のないうつくしい芸術品の大量生産に成功したけれど、そのかわり京都のブルジョワの財布の底には、完全に大穴があいてしまったのである。

明治になって、あたらしい資本主義の時代がきたとき、必要なのはむしろ、享楽をしりぞけ、すべてを事業にうちこむという、ピューリタン的な資本家の精神であったろう。しかし、京都は、その期《ご》におよんで、「都をどり」などという、とほうもないものをおっぱじめて、底なしの芸妓文化を奨励した。京都のブルジョワが挫折《ざせつ》したゆえんである。

理想と現実

過去数百年間、江戸ないし東京が、日本の実質的な首都であったことはまちがいないが、文化という点では、やはり京都が中心であるというかんがえが、伝統的につよかった。東京がやたらにふくれあがって、なんでもかんでも東京が中心みたいなかっこうになってきたのは、ごくあたらしい。戦後、それもこの数年間のことである。

いまでも、こと文化に関しては、京都市民の中華思想はぬきがたいものがあるし、じっさい、学問、芸術については、さすがに伝統はおそろしい。これだけひどい中央集権の波にさらされても、容易なことでは屈服しそうもない。

もっとも、出版だけは決定的に敗北した。戦後、京都に出版社がきそいたった時期がある。ドイツのミュンヘンのように、京都は日本における出版の大中心になるかとおもっているうちに、たちまちにしてほとんどつぶれてしまった。どういう事情でこうなってしまったのかしらないが、京都としてはおしい産業をうしなってしまったものだ。この都市の伝統ともち味は、高尚だけれどなかなか経済ベースにのらない。出版業などは、もっとも見こみがあるとおもわれていたのに。

学問や芸術は、不況がきても倒産しないから、いまでもがんばっている。もともと、えらい先生の塾がたくさんあって、全国から俊英があつまってきた。市立の芸術大学などは、それらの塾の組織化されたものともいえる。ほかに市立の音楽大学もあるし、「京響《きょうきょう》」*という市立のオーケストラもある。音楽会のためには京都会館というおおきな建物があるし、展覧会のためにはりっぱな美術館がある。さすがに文化都市を名のるだけあって、そういう施設はなかなかよくそろっている。もっとも、博物館はもとは市立だったが、維持できなくなって、とうとうなげだした。いまは国立になっている。

学問のほうは、大学の密度からいうと全国一かもしれない。歴史もふるい。すでに一八四〇年代に、帆足万里《ほあしばんり》は一大総合大学の設立をとなえているが、場所はもちろん京都である。もともと日本は固有の大学の伝統にとぼしいが、この帆足構想が実現していたら、まさに日本の大学の源流になるところであった。

もともと、かれの構想でも、関東にはべつに武芸を主とする大学をつくるので、京都のは、もっぱら理論を主とする高等学術研究所のような性格のものであった。

京都の大学はいまでもその傾向がつよい。権力からとおく、金力からもはなれている。最近のように、産学協同などということになってくると、やはりあまり得意でない。大阪あたりの大学にはとてもかなわない。

＊　現在は京都市立芸術大学に合併されている。

寺と坊さん――拝観料の都

お寺やお宮がたくさんあるのは、周知の事実である。戦後ものすごい観光ブームで、その観光客を相手に、おおくの神社仏閣では、いわゆる拝観料をとった。高山市長は、それに観光税をかけることをおもいついた。すばらしい名案のようにおもわれたが、かんたんにはことがはこばなかった。坊さんたちの猛烈なレジスタンスに出あったのである。

税金は観光客からとるのであって、お寺からとるのではない。お寺はただ徴収事務を委託されるだけだから、べつに反対するいわれはないはずだ。それが、猛烈な反対運動をやったのは、観光税によって寺の収入がすっかりわかってしまうのがいたいのだろうと、市民はうわさした。ちょうどそのまえに、銀閣寺の坊さんが、莫大《ばくだい》な拝観料をバーの女かなにかにつぎこんだのがバレたという事件もあって、お寺さんに対する市民の風あたりはつよかった。やっさもっさのあげくどうやら了解がついて、観光税は徴収されることになった。高山市長はクリスチャンであるために、仏教の僧侶《そうりょ》というものについて、認識のいたらざるところがあったそうだが、むかしからたくさんの寺をかかえて、坊主についてはよくしっているはずの一般市民も、金をめぐる坊《ぼ》んさんたちの闘志には、少々おどろいた。

京都には、まったく寺がたくさんある。寺と舞妓《まいこ》は京都の二大象徴である。寺のまえに舞妓をたたせると京都の絵になる。どちらもなにも生産しない。

しかし、京都市民は、この膨大な非生産的宗教人口に対して、なかなか寛容である。舞妓とちがって、寺は主として地方の零細資金でささえられているので、本山所在地の京都の資本はあまり浪費しない。むしろ、資本をかきあつめる役わりをしているのかもしれない。ことし、一九六一年の春には、法然、親鸞の大遠忌《だいおんき》というのがあって、ざっと四〇〇万の人間を京都にひきよせた。お寺はまだこれだけの実力をもっている。あだやおろそかにはできないのである。

京都の休日——スペクタクルの都

『ローマの休日』という映画があった。一種の観光映画である。日本でも、京都を舞台にしてそういう映画をとれば、外貨獲得に役だつだろうし、外国人客誘致の効果もあろう。もっとも、京都とローマとでは、おなじようにはゆかない。ローマは古代都市だけれど、京都には古代都市としての遺跡なんか、ほとんどない。だいたいは応仁の乱でご破算になってしまって、いまあるのは、たいていそれ以後のものである。建物は木造で、くすんでいるから、スペクタクルにならない。カラー・フィルムにしても、さえないだろう。

京都は、観光都市だそうだけれど、観光都市としての総合計画があまりすすんでいるようにもおもえない。たとえば、観光バスにのってみても、ずいぶんひとをバカにしたものだ。車内でガイドが「祇園小唄《ぎおんこうた》」などをうたう。あんな唄は、祇園にうつつをぬかしたいなかもののうたう唄で、京都の唄でもなんでもありはしない。そして、みせるところといえば、お寺ばっかりだ。知恩院の軒下で、左甚五郎《ひだりじんごろう》のわすれ傘というのをみせるにいたっては、言語道断だ。歴史のながれになんの関係もないし、みておもしろいというしろものでは、さらにない。

もっとも、観光客というものは、どうせいなかのひとだから——京都のひとからみれば、全国すべていなかである——適当にあしらっておけばよい、というかんがえなのかもしれない。じっさい、そうもおもいたくなるような事実はある。数ある京都の観光地で、圧倒的に人気があるのは、平安神宮と金閣寺である。どちらもずいぶん俗っぽいが、スペクタクル性はある。そしてどちらも、ふるいままのものではなく、近代における再建ものである。

このことは、なかなか暗示的だ。観光都市として立とうというなら、ふるいものを保存しているだけではだめなので、すすんでむかしのものを復興しなければならない。名所は、つくりだされるべきものなのである。

そこでわたしの年来の持論なのだが、さしずめ羅城門《らじょうもん》なんか、けんらんたる色どりで再建してはどうだろうか。きっと人気がでる。日本の地名で、「ラッショモン」は、世界にもっともよくしられているもののひとつである。国際的にも大あたりをとるとおもうのだが。

天皇還都——儀典の都

さて、これからの京都はどうなるか、いずれは極東第一の観光地ということになって、外国からもたくさん観光客がくることにはなるだろうが、それだけで生活するわけにはゆくまい。観光でたつには、京都はすでにおおきすぎる。

そこでやはり産業だということになって、市の西南部を工業地区ということにして、工場誘致をいそいでいる。そうするほかいたしかたあるまいが、それもどこまでのびるか。京都がまた工業都市になるなどということは、ありえないことだ。

京都はやはり、もう一ど「帝都」として立つのがいちばんよいのではないだろうか。つまり、天皇にもう一ど、東京の行在所《あんざいしょ》から京都の本宅へかえっていただくのである。ちょうど東京は、すでに都会としての適正規模からはずれてしまっている。疎開と解体の時期がきている。遷都論も、くりかえしとなえられているようだ。ほかへおうつりになるくらいなら、京都へかえっていただくのがよい。

もっとも、いまさら「首都」をとりかえそうというのではない。天皇といっしょに、わずらわしい政治権力機構がくっついてくるなら、それはおことわりしたほうがよい。政府はきてほしくないのだ。ちょうど、天皇も権力者の地位からしりぞいて、国の象徴となられたのだから、地理的にも政治権力の中心からはなれて、京都でもっぱら象徴としての儀典をとりおこなわれるのは、平和なる新生国家日本のためにも、なかなかよろしいではないか。

すでに国際会議場*の建設地は、京都にきまった。京都はやがて、極東における国際社交の中心地になるだろう。天皇は京都におすまいになり、各国大使の信任状奉呈そのほか、さまざまな、けんらんたる儀典はすべて京都でおこなわれるということになれば、どうだろうか。京都市民にとって、これはすばらしいことではないだろうか。

儀典は、それ自身ひとつの産業でありうる。たとえば、儀典用の道具や礼装の生産など、関連産業の幅はひろい。儀典都市——案外こういうところが、未来の京都にかなり適しているのではないだろうか。

＊　国立京都国際会館は、一九六六年五月に洛北《らくほく》の宝ケ池に完成し、開館した。

追記

この項の最後の章「天皇還都――儀典の都」でのべた内容は、すでに「儀典都市」の項でもしるした。

この問題は京都市民のあいだでは、くりかえし論議されているところである。最近では還都論とともに、今後即位式および大嘗祭《だいじょうさい》がどこでおこなわれることになるかが、議論の対象になっている（註）。

（註）たとえば、つぎのような記事がある。
有田芳生（著）「『御大典』にかける京都『産・学』の打算」『朝日ジャーナル』四月一一日号　第二八巻第一五号　通巻一四二〇号　一〇―一三ページ　一九八六年四月　朝日新聞社

非観光都市・京都

解説

旅行雑誌というものは、なんどでも京都の特集をやる。日本交通公社の雑誌『旅』一九六一年一〇月号は「京都・奈良」の特集号であった。それに執筆したのが、この文章である（註）。旅行雑誌の観光用記事の特集としては、いささか逆説的ではあるが、あえてこのテーマをえらんだ。

（註）梅棹忠夫（著）「京都は観光都市ではない——観光客のために存在していると思われては困る！」『旅』一〇月号　第三五巻第一〇号　四一—四五ページ　一九六一年一〇月　日本交通公社

ただの市民の立場

国内からも国外からも、毎年、たくさんの観光客が京都にやってくる。そして、それぞれに満足し、あるいは不満をいだいたまま、さってゆく。そういう人たちの、京都に対するさまざまな批判が、ときにはわたしたちのような、観光にはなんの関係もない、ただの京都市民にまで、いろいろなかたちできこえてくる。新聞や雑誌が、そういう観光旅行者の感想をもとめて記事にすることもあるし、自分からすすんで意見を新聞の投書欄などにぶっつけてくるひともある。

なかには、京都の人間にはちょっと気のつかない、なかなかおもしろい観察をして、なるほどとおもわせるのもあるが、なかには、まったくの愚論や、無知にもとづく誤解としかいいようのないのもすくなくない。わたし自身も、よそへゆけばおなじことかもしれないが、観光客というものは、ずいぶんかってなことをいうものだ。

こういう批判をうけとめて、なんらかの反応をしめすのは、市の観光局とか、旅館組合とかの、観光事業の当事者である。そのため、なにごとも観光事業中心のかんがえかたになり、この場合もまた、「お客はいつも王さま」という商業主義の原則が支配する。そして、観光客の批判に対しては、たいていは、「王さま」の待遇についての、弁解と反省と、改善策みたいなものがでてくるだけだ。

しかし、こんなむちゃな話はない。京都には、観光に関係のない市民だって、いっぱいいる。そういうただの市民の立場というものは、まったく別である。ただの市民からみれば、観光客などというものは、王さまでもなんでもない。自由な立場から、観光客あるいは観光関係者たちに対しても、いいたいことはたくさんある。こういうのは、なかなか表面にでにくいが、無視されてはこまる。

おびただしい観光客をむかえて、ふつうの京都市民というものは、それらの観光客たちをどういう目でみているか、あるいはまた、一般に京都の観光ということについて、どういうふうにかんがえているのであるか。こういうことも、しっておいてもらうのは、おたがいに必要なことだろうと、わたしはかんがえる。

祇園祭のチマキ

たまたま、ことしの夏、おもしろい例があった。新聞の投書欄に、祇園祭《ぎおんまつり》のチマキについて、文句がでたのである。

祇園祭のチマキというのは、祭をみたことのあるひとならご承知であろうが、山鉾巡行《やまぼこじゅんこう》中に、鉾のうえからなげるのを、群集があらそってうける、あれである。祭のしばらくまえから、これは売っている。それを買って、玄関などにかけておくと、厄除《やくよ》けになる。一種のまじないである。

新聞の投書というのは、こうだ。そのチマキを買ってかえって、あけてみたらカラだった。京都の商売はインチキだといって、えらい剣幕で憤慨しているのである。投書したのは、いずれよそからの観光客であろう。観光客ずれのしている京都市民も、さすがにこれには、いささかおどろいた。

つまり、こういうことなのである。祇園祭のチマキというものは、ずっとむかしは中身がはいっていたようだが、近年はただチマキの形にササの葉をまいてたばねただけであって、もともとなかにはなにもはいっているわけはない。そんなことは、幼稚園の子どもでもしっている。祇園祭のチマキをむく、というのは、むかしからおろかものすることの見本みたいにいわれているのである。そういうこともしらずに、逆ネジをくわしてきたその投書子のあつかましさに、京都市民はおどろいた、というわけなのだ。

よそからの観光客なら、京都の風習をしらないのがあたりまえではないか、という同情論もありうるが、京都市民の立場からすれば、祇園祭の前後に京都にでてきて、そんな風習もしらずにいた、というのではこまるのである。ちょっとたずねれば、わかることだ。もともと、祇園祭は市民の祭であって、観光客のための祭ではない。祭をみにきてもかまわないけれど、みるならみるで、祭のしきたりについて、観光客は理解の努力をはらうべきである。とやかく文句をいってもらってはこまる。それは主客転倒というものだ。

観光都市ではない

観光都市のことだから、まァまァ観光客の無理解にも目をつぶらなければならないし、いまのチマキ事件については、こちらの啓蒙《けいもう》不足という点もあったのではないか、という声がきこえてくるようにおもうが、そういうかんがえかたこそは、「お客さまはいつも王さま」という原則に支配された、卑俗なる観光主義というべきである。「観光」の名のもとに、この種の臆面《おくめん》もない無教養が、京都市内を横行しはじめるとしたら、それは、伝統ある京都の市民生活にとって、ことは重大であるといわなければならない。

だいたい「京都は観光都市である」というかんがえかたそのものが、ひじょうに危険なものをふくんでいる。たしかに、京都はうつくしい都市だし、ほかの都市にくらべれば、なみはずれてたくさんの史跡名勝をもっている。そして、それをみるために、おびただしい観光客がやってくることも事実だ。そのかぎりにおいて、京都は観光のさかんな都市である。しかし、「観光」は、京都という多面的な大都市のもつ、ただひとつの側面にすぎない。京都は同時に学問の都であり、美術の都であり、工芸の都であり、商業都市であり、工業都市でさえある。もともと、一国の首都として発展してきた都市であるだけに、そのなかにはさまざまな要素をふくみ、複雑な構造をもっている。その点、二、三の史跡以外にはなんの特徴もない地方小都市が、戦後にわかに観光都市の名のりをあげたのとは、本質的にちがうのである。そういう意味では京都を「観光都市」などという一面的なよびかたでよばないほうがよい。おたがいに誤解を生じるもとである。

はっきりいって、京都市民のなかで、観光でたべているひとはごく一部にすぎない。大多数の市民は、観光と無関係に生活している。観光の恩恵をうけていない。京都をおとずれる観光客が、なにかの原因でおおきく減少したとしても、打撃をうけるのは少数の観光業関係者だけであって、おおかたの市民は、たいしてこまらない。それによって、都市の性格がおおきくゆらいだりはしないのである。

このことを、逆に観光客の立場からみると、こうなる。京都では、ほかのほんとうの観光都市みたいに、お客さまづらをしているわけにはゆかない、ということなのだ。観光にきてやって、京都市民をよろこばせてやっている、というわけではないのだから。京都市民全体としては、たくさんの観光客が京都をみにくるのを、たいしてありがたがってはいないのである。ときにはめいわくもしている。

観光客はマナーをまもるべし

じっさい、観光客にとっては、京都という都市は、かなりそっけないのではないかと、わたしはおもう。駅まえに、歓迎アーチがあるじゃなし、とりたてて観光客むけのサービスというほどのものは見あたらない。地方小都市のほうが、よっぽど観光客むけに身がまえている。わたしの関係している学会なども、地方都市でひらかれる場合は、いつも市長以下の大歓迎をうけ、いろいろと観光の便をはかってもらえるものだが、京都でひらかれるときは、おおむねなにもしない。宿舎の手配もしないのがふつうである。かってにとまって、かってにみてあるけ、というやりかたなのである。そっけないようだが、また、じっさいにこういうやりかたに対する不満もよくきくが、京都が人口一〇〇万をこえる大都市であることをかんがえれば、当然のことである。東京や大阪で、観光客としてチヤホヤされることを期待しているひとはあるまい。おなじことである。観光がしたければ、市民のあいだにまじって、市民ルールにしたがいながら、みてあるくほかない。ここでは、観光客としての特権は、なにもないのである。

観光客たちは、「観光都市」という名をあやまって解して、京都においてもなにか観光客としての特権があるかのように誤解しているのではないかとおもわれるフシがある。たとえば、いちばん目だつのは、宿屋のドテラやネマキのまま、街を出あるく連中がいることだ。あれはまえから、市民のあいだではたいへん評判がわるく、宿屋に対して、お客に行儀をしつけよという声がたかかったので、宿屋でも気をつけるようになり、いまではよほどへった。それでも、修学旅行の連中なんかで、まだずいぶんひどいのがいる。そんなかっこうであるきたければ、別府や熱海などの、それこそほんとうの「観光都市」へいったらよい。すくなくとも京都では、観光客はもっと都市生活のマナーをまもらなければいけないとおもう。とくに修学旅行の場合などは、先生がよく気をつけて、そういう機会に学生にマナーをしつけるようにするべきである。

おのぼりさん概念の確立

京都は、観光客に対してそっけないといったが、個々の市民が不親切だというわけではない。もともと、ながいあいだの首都として、むかしからひとの出いりはおおかったから、旅行者のあつかいかたには、なれている。けっしてカドのたつようなあしらいかたはしない。

いまも、京都市の市民憲章というのがあって、そのなかに「わたしたち京都市民は、旅行者をあたたかくむかえましょう」というのがある。うつくしい町、清潔な環境、よい風習、文化財の愛護、とならんで、五ヵ条のうちのひとつだから、京都において、旅行者の存在はかなりの程度に意識はされているとみてよい。なにぶん、おびただしい数だから、意識しないわけにはゆかないのだ。しかし、その意識の仕かたは、「あたたかくむかえ」ても、「たいせつにもてなそう」とはいわないところがミソである。寛容以上のものではない。

旅行者のあしらいかたについては、たしかに、京都にはながい伝統がある。それを端的にあらわしているのは、「おのぼりさん」という概念である。このことばは、もともとは京都にたくさんある宗教施設への、集団的参拝者をさしたものだろうが、いまではすでに、観光的旅行者のすべてをいうようになっている。東海道線ののぼりくだりには関係なく、東京からであろうが九州からであろうが、京都ではすべて、のぼってきたひと、つまり「おのぼりさん」としてあつかわれるのである。

おのぼりさん概念の中核的原理になっているのは、市民生活からの隔離ということとなのだとおもう。旅行者と市民とのあいだには、どうせこえることのできない溝あるいは堀がある。あるいは教養の差がある。堀の内側には、伝統ある都市民としての、たかい「文化」にみちた生活がある。おのぼりさんは、京都にきて、みてあるいてもかまわないけれど、この堀のなかまでふみこんできてもらってはこまるのだ。かれらのためには、堀のそとに、かれらのよろこびそうなものが展覧してある。堀のそとにあるのは、「観光」である。

京都は戦後、「文化観光都市」を宣言した。その「文化観光都市」とはいったいどういう意味か。もともと、文化と観光とはあい反する概念である。文化というものは、はじめから見世物ではないし、観光化するということは、たいていの場合、文化の破壊である。そんな矛盾する概念をふたつくっつけて、どのような都市をつくろうというのか。当事者はどんなつもりでつけたのかしらないが、わたしは、京都でなら成立する可能性があるとおもう。伝統的なおのぼりさん処理法にもとづいて、隔離したうえで両立させようというのである。市民には文化を！　おのぼりさんには観光を！　これで京都は文化観光都市となる。

隔離の原理

どこの都市にも多少はあることだが、京都ではとくに、観光客のむらがる場所と、市民がよくゆくところとが、ひどくくいちがっているかもしれない。たとえば、京都の繁華街というと、観光客はみんな新京極をいうが、京都のひとからみると、あそこはなんとなく観光客用の繁華街という感じがして、たちいることは意外にすくない。

いわゆる名所旧跡だって、観光とそうでないところとは、かなりはっきりしている。わたし自身も、旅行者にまじって、いっぺん観光バスにのってみたが、みせるのはもちろん、本願寺とか、金閣寺とか、もっぱらおのぼりさん専用の名所ばかりで、なるほどとおもった。これでは、京都のひとのもっている京都のイメージと、観光客のもつ京都のイメージとではずいぶんちがっていても、ふしぎではない。

おなじ隔離の原理は、店や品物についてもいえる。京都のものはなんでも値がたかすぎるという評判をきく。たしかに、西陣織にしても京人形にしても、ちょっとおみやげに、というにはすこし値がはる。そういうものはもともと、市民用の「文化」なのであって、品物自体が上等なんだから、たかいのは仕かたがない。おのぼりさん用の「観光」みやげなら、みやげもの屋に安ものをたくさん売っている。

京名物を、もっと大衆化して観光客にもやすく買えるようにせよという声は、まえからある。しかし、それはむりというものだ。祇園や先斗町《ぽんとちょう》を大衆食堂に開放せよというようなものである。じっさい、舞妓《まいこ》をもっとたくさんつくって、だれでも旅館にでもよべるようにならないものか、という希望がでてくる。わたしは、舞妓そのものは愚劣な存在だとはおもうが、金がかかっていることは事実であって、それをやすくあげようということはできない。もっともちかごろは、おのぼりさんの要求にこたえて、修学旅行と外国人さん専用の「観光」用舞妓ができているということである。

要するに、京都の文化は京都市民のためのものであって、観光客のためのものではない。

京都市民は、観光客のために、自分たちの伝統ある文化をあわてて大衆化しなければならない義理はなにもない。もし旅行者が京都市民とともに、京都の文化の一端を享受しようとおもえば、たかくつくのは当然だ。安あがりですまそうという了見ではここはとおらない。

観光地というものは、観光客にはたかいものを売りつけようとするものだが、京都の場合は逆である。「観光」なら安あがりですむ。市民文化のほうが観光用より一般的にいって高級なのだから、その意味からも、京都は観光都市ではない。すべてが観光客本位にはできていないのである。

一見さんおことわり

京都の市民は、観光客たちには堀のそとをゾロゾロあるかせておいて、かれらが市民の伝統文化に介入したり、いっしょに享受したりすることをよろこばないようにみえる。しかしいっぽうでは、京都市民以外にも、京都の文化を愛し、いわゆる京都情緒にあこがれるひとの数も、けっしてすくなくはないのである。京都市民は、そういうひとをもこばむのであろうか。

京都市民の側からも、すでに以前から、そういう人たちをうけいれて、京風にもてなそうという努力はあったし、いまもつづいていることとおもう。しかし、これはむつかしいことだ。なかなかうまくゆかない。お客のほうの実状は、旅館あたりの話をきくと、ずいぶんひどいものである。

たとえば、京の宿で、すこしでも京都ふうの料理をと心をくばって、朝に湯葉《ゆば》などをだすと、お客のほうは、こんなものはみたことがない。なまタマゴにノリにミソ汁をもってこい、とくる。部屋に香《こう》をたきしめておくと、こんな抹香くさい部屋にいられるか、という。おうすをだすと、これもしらない。いきなりガブッとのんで、「ワッ、にがい！」。

これでは、「文化」と「観光」を隔離したくなるのは当然でしょう。いまの観光客というものは、京都の「文化」を理解するには、一般に教養がひくすぎるのである。こういう人たちのまえに、もし京都の文化を全面的に公開したら、いったいどういうことになるか。おそろしいようなものだ。

京都には、むかしから「一見《いちげん》さんおことわり」という伝統がある。宿屋や料理屋だって、たしかな紹介者なしではいれてくれないのである。いわゆる名所旧跡も、いまでこそ「拝観料」をとって公開した神社仏閣がだいぶんふえたが、しかしまだまだ、非公開のものがおおい。一見さんはやはりおことわりしたほうが安全だからである。一見さんはなにをするかわからないから。

権利と責任

こういう点をとらえて、京都はおたかくとまっているとか、非民主的だとか、そういう批判をするひとがあるが、それはやはり、京都が観光都市で、観光客にサービスするのが当然だとおもっているから、そういうことをいうのである。ひとのものをみせてもらうのじゃないか。礼儀をわきまえるべきだ。

拝観料がたかすぎるという声もよくきくが、これも拝観料はとにかくとして、それにこみになっている観光税は、わたしなんかは、もっとうんとたかくとってもよいとおもっている。あるいはまた、京都にくる観光客全部から入市税をとってもよい。りっぱなものをみるのに、たかくつくのはあたりまえだ。たかいお金をだしても、みたいひとにだけみせればよいので、京都がなにも大衆的観光地にならなければならないいわれは、ひとつもない。

こういうと、京都の文化財は、日本民族全体の共有物であって、京都市民だけが独占すべきものではない、という批判がでるわけだが、この理論は、おおいに警戒を要する。じつはこの論理が、つねに卑俗な大衆的観光主義を助長し、文化財の荒廃をまねくのである。所有と使用の権利だけは、国民全体という、不特定無責任なものに保留しておいて、管理と保護の責任だけは、京都市民におしつけるということになるのである。

じっさい、市中にあるおびただしい文化財を火災からまもっている消防組織は、ひとも設備も、すべて京都市民の税金でまかなわれているのである。もともと、京都市民は、火に対してはひどく神経質である。ひとりひとりの市民の、細心の注意の結果として、一〇〇〇年の文化が生きているのである。

戦後、関西に進出してきたある新聞社が、宣伝のために市中で花火大会をやった。その結果、火がとんで、小御所《こごしょ》がやけた。ひどい話である。京都という都での、都市生活の作法をあまりにもしらなさすぎる！

おおくの市民はつよいいきどおりをもって、こうおもった。こういうことがあるから、人よせの観光はこまる。市民が、観光のむやみな大衆化を歓迎しないのには、それだけの理由があるのである。

だれのための大文字か

そんなことをいったって、京都市はしきりに観光宣伝をやってるじゃないか、と反論されそうだ。しかし、あれは市当局のやっていることであって、市民の立場とかならずしもおなじではない。

たしかに市役所のなかには、水道局や清掃局などというのとならんで、観光局というのがある。これだけ観光客もくることだから、そのためのサービス機関があるのは当然である。じじつ、その面では京都の観光局はよく活動しているとおもう。その功績かどうか、ちかごろの京都の観光ブームは、まったくおどろくべきものである。

しかし、当然のことながら、これはどこまでも市民の生活、市民の文化財を中心にかんがえてゆくべきものである。観光宣伝をして、とにかくひとをよせればよい、というのとはちがう。宣伝がきいて、ひとがたくさんゆくようになったために、みるかげもなくなった例を、わたしたちはたくさんしっている。たとえば、洛北《らくほく》大原の寂光院《じゃっこういん》なんか、むかしのよさをしるものからみれば、あまりのいたましさに、もう二どとおとずれようという気がしない。

祇園祭も、盆の大文字《だいもんじ》のおくり火も、宣伝だけはよくきいて、おびただしい観光客が殺到するようになった。しかし、それでいったい、市民はなにをえたというのであろうか。空前の観光ブームを目《ま》のあたりにして、京都市民は、いまふかい疑問を感じはじめている。祇園祭においても、すでに「見世物のためには山鉾《やまぼこ》はだしもうさず」という強硬な町内が、いくつかでてきたという。あっぱれな市民精神である。おくり火にしても、山麓《さんろく》の住民たちの、労力奉仕と寄付金で維持されている。もうけるのはバス会社だけじゃないか。おれたちはだれのためにこんなことをしなければいけないのか、というのが、地元の青年たちの疑問なのである。ことしあたりは、ジャーナリズムまでが、おくり火のことを「大文字焼」などといいだした。今川焼の親類じゃあるまいし、なんとも粗野な感覚のことばである。あのうつくしい火のかがやきをこういう粗野なことばで表現して、はじないような人たちのために、大文字はともされなければならないのだろうか。

観光返上

祇園祭もおくり火も、それ自体、りっぱな文化である。文化というものは、それをになう主体者が、その文化についての確信とほこりをもった場合だけ、さかんにもなるし、つづきもする。しかし、祇園祭もおくり火も、いまや観光化することによって、主体者たる市民に疑惑をもたせはじめている。これは危険なことである。観光さかんにして文化ほろぶ。市の観光局などというものが、しらずしらずのうちにこういう傾向に拍車をかけているとすれば、これは文化のために害がある。文化局一本にすべきである。京都市の観光局のなすべき仕事は、むしろ、卑俗なる大衆的観光主義が、京都の文化のなかに土足でふみこんでくるのをふせぐための、防波堤をつとめることにあるのかもしれない。京都市の観光政策は、いまひとつの危機にたっているとおもうのである。

わたしはじつは、京都のことだけをいっているのではない。今日の観光というものに、基本的な疑問を感じているのである。観光客というものは、いまの観光コマーシャリズムにあまやかされているから、どこへゆく場合にも、「王さま」然としてのりこんでくる。それかってな要求はもってくるけれど、土地のことを理解しようという心がまえがない。それは、教養のないアメリカ人の観光客が、日本やヨーロッパにやってきて、傲然《ごうぜん》と乗りものや街なみの批判をやるのに似ている。かれらは、どこへいっても、その土地の主人公はそこの住民である、という大原則をわすれているのである。観光は人間を傲慢にするようだ。もっともおそるべきことは、観光地とよばれる土地にすむ人間が、観光を意識することによって、みずからその土地と文化の主人公であることをわすれて、なにもかも、えたいのしれない連中に奉仕しはじめることである。観光は、人間を傲慢にするいっぽう、人間を卑屈にもする。

すくなくとも京都市だけは、そんなばかばかしいことになりたくない。そのためにはむしろ、「文化観光都市」の称号のうち、観光だけはどこかへ返上して、文化都市一本でゆきたいものだと、わたしなどはかんがえている。

Ⅲ　京都の市民

京わらべ・京おんな・京おとこ

解説

『流行』という雑誌があった。一種のファッション雑誌であった。その企画で、京都の令嬢たちの座談会がひらかれた。わたしが、その司会をつとめた。まことにあでやかなつどいであった。

座談会の記録は、その雑誌に掲載されたが(註1)、それとはべつに、京都の市民についてのエッセイをもとめられた。それが、この文章である(註2)。座談会の記録に併載された。

(註1) 梅棹忠夫、大西ミヨ子、寺尾佳子、桑原素子、石田雅子(著)「古い都の新しい娘たち」『流行』六月号　第三巻第五号八四―八八ページ　一九五四年六月　日本織物出版社

(註2) 梅棹忠夫(著)「京わらべ・京おんな・京おとこ――京都風土記」『流行』六月号　第三巻第五号　八四―八八ページ　一九五四年六月　日本織物出版社

一　京わらべ

京都は、ご承知のとおり、たてよこ十文字、碁盤目の町です。東西通《どおり》に条とつくのが、北からかぞえて一条から九条まである。それぞれの通が、このふるい町にくりひろげられた日本の歴史と、ふかいむすびつきをもっています。京の子どもたちは、それをかぞえうたにしておぼえました。まだ、社会科などという学科のないはるか以前の京都市民の、素朴な社会科学習法でありました。それはつぎのようなものです（カッコのなかは学習内容）。

〽一条　戻り橋（頼光《らいこう》さん）
二条　お城（徳川勢力・大政奉還）
三条　みすや針
四条　芝居（阿国《おくに》かぶき）
五条　弁慶（牛若丸）
六条　坊《ぼ》んさん（本願寺・親鸞上人）
七条　停車場（文明開化）
八条　すずや町
九条　東寺《とうじ》（平安京・弘法さん）

節をつけてうたいながら「お母ァはん、四条はなんで芝居や」ときけば、いまの南座から、中世の四条河原《しじようがわら》、阿国歌舞伎《かぶき》まで、場合によっては話がすすむ、という仕かけになっている。

七条の停車場というのはいまの京都駅のことですから、すくなくとも明治のころ、東海道線ができてからの唄のようにみえますが、それでも、みすや針とか、すずや町とか、いまのわたしたちにもよくわからないものがはいっていました。

もうひとつ、京わらべのお手玉のかぞえ唄を記録しておきます。そこにも、おなじアイディアが、いくらか変形して採用されていました。お手玉のことを、子どもたちは、ななこ、あるいはオジャミといいました。そこで、唄は「オジャミ」というかけ声からはじまって、

〽おしと
おふた
さんかん　せいばつ
よしのの　さくら
ごじょう　べんけい
ろくじょう　ぼんさん
ひっちょうの　ていしゃば
きっぷ　かいまひょ
なないろの　とんがらし
おかろ　ございます
おしと　さくら　さーくーらー

七色の唐辛子というのは、いうまでもなく、京名物のひとつ。清水坂《きよみずざか》に売っています。

このほか、ずいぶんたくさん京の唄があったのをおぼえています。

こうして、京の子どもたちは、しらぬまに社会科の勉強をしたのです。

二　京おんな

素朴な民衆の社会科は、京の子どもたちに、京の地理と歴史をおしえましたが、ふしぎなことに京以外の土地の、地理と歴史については、ほとんどなにもしらないですませるというのが、この社会科の特徴でありました。ながいあいだ、すべてはこの都を中心に回転していたのであるから、なにがかなしゅうて、そんないなかのことをしらんならんかというほどの気もちが、この都の住人には、たしかにひそんでいたにちがいありません。それとおなじような気もちをいまでも京都の人たちはもっています。なるだけならば都をはなれとみない（はなれたくない）、どこでもすめば都というけれど、ここぞほんものの都、どうしてよそへなんかうつりすむものか。

おかげで、京都のひとのうごきのすくないこと、他所《よそ》についての関心のひくいこと、おどろくべきものがあります。京都のとなりが北海道だぐらいにかんがえている京都人がいても、べつにふしぎではありません。

だいたいが、この都のなかでいっさいの用がたせるようになっていた。そとへでる必要がなかった。ちょうど、それをちいさくしたのが京の家です。なかでいっさいの用がたせるようにできている。井戸も、風呂《ふろ》も室内にあります。おどろくべきことには庭までが家のなかにある。おおくの他の地方では、家のまわりに多少とも土地がある。京では、逆になっていて、庭のまわりに家があるのです。

こんな家にすんでいるとどんなことになるでしょう。全然、陽にあたらずに、何日でもすごせる。つまり、京美人の誕生である。家の採光がわるいから色がしろくなるという説があるが、ちょっとまちがっている。家の構造ではなくて、家の機能のせいなのです。家のなかですべてをすませてしまおうという、京都人の不精な文化性が京美人をつくりだしたといえましょう。

だいたい京美人というけれど、ほんとうですか？　こうもうしては失礼だが、公平にみて京にも不美人がいないわけではない。よその土地をよくしらないので、なんともくらべようがなく半信半疑でおりました。ところが、他所うまれのご婦人が、故郷ではかなりの自信をもっておられたのが、京都に嫁いりしてお風呂屋にゆき愕然《がくぜん》としたそうです。すくなくとも、色だけはそれほどちがう。この話をきいてから、わたしも京美人というのはほんとうだと信じる気になった。

鴨川《かもがわ》の水で産湯をつかうから、京のひとは色がしろいという。この説はウソだ。女の子がうまれたからといって、鴨川へ水をくみにいった話をきいたことはない。なにより証拠には、さきほどのお風呂で愕然とした奥さんが家のなかで二、三年くらすうちにすっかり色じろになり、うまれながらの京美人のような顔をしています。

三　京おとこ

京おんなの全国的な人気にひきかえて、京おとこはまことに人気がない。柔弱で、優柔不断で、たよりがなくてというわけで、うかぶ瀬がない。わたし自身もその京おとこのひとりとして、こういう機会に、少々は弁明ないしは反駁《はんばく》をしておくべきでしょうか。

ひとつには、たしかにことばのせいである。女のしゃべる京ことばはたいへん優雅にきこえても、男がしゃべると柔弱だという。それはまことにけしからぬ見かたである。はじめから男と女とべつべつのことばをつかうことは封建的な話である。

東京では男と女ではずいぶんちがうようですが、京都の家庭では、ほとんどおなじことばをつかいます。たとえば、自分のことは、子ども時代はみんな「アテ」です。わたしの父なんか、死ぬまで「アテ」でした。ちかごろ、やっと日本語の欠点として、このことがやかましく論議されていますが、京ことばのように洗練された男女共通語にケチをつけるのは逆コースではありませんか。

それにしても、京の男性からは英雄、豪傑はでませんね。そういうのはだいたい、いなかからでる。わたしの少年時代、ある雑誌に大将の出身地の分布図というのがありましたが、京都からはひとりもでていないのをみて、ふしぎな感慨にふけったものです。奮起して、自分がなろうなどとは絶対にかんがえない。京都みたいな土地にそだって、そんな殺《さっ》伐《ばつ》な気もちになりますかいな。

　そのかわり、文化人ならいくらでもいます。まるで文化勲章受章者の大量生産地みたいなものです。文化勲章どころか、ノーベル賞にかがやく湯川さんもまた、わが京都市民のひとりなのです。

京都人を診断する

解説

『毎日新聞』で、「京都を診断する」という新年の連載企画があった。松田道雄氏、依田義賢《よだよしかた》氏ほか京都在住の識者が毎回執筆した。わたしもその二回を担当した。それが、この文章である（註）。ここに収録するにあたっては連載の表題をすこしくかえてもちいた。

（註）梅棹忠夫（著）「京都人はイカか」『毎日新聞』一九六〇年一月五日
梅棹忠夫（著）「新しいもの食い論」『毎日新聞』一九六〇年一月六日

京都人はイカか

京都の人情は底びえがする、とよくいわれる。たとえ話に「京都人はイカだ」というのがある。見かけはすこぶる上品だが、ちょっと気をゆるすと、たちまちスミをぶっかけられるというわけだ。また「京都人は冷蔵庫だ」というのもある。冷蔵庫はひらくとなかからつめたい空気がただよってきてさわやかだが、うしろをむいたとたん、背筋をぞっとさせられる。いずれも京都人はつめたいという意味である。わたしのかよう散髪屋さんは北陸の出身で、もう三〇年以上も京都で店をいとなんでいるひとだが、「京都のひとは情がつめたくてつきあいにくい。ものごとをたのめば『よろしおす』とふたつ返事で人あたりがよいが、いつまでたってもたのんだことがいっこうに実をむすばない。ふかくつきあおうとすれば、背おいなげをくらったような感じにさせられるときがよくある」という。ほかの土地では人間関係が接近しやすいし、そうなると情もふかくなってゆく。ところが京都のひとは何年つきあっても人間関係に一定の距離をたもち、それ以上接近しようとしない。この態度がほかの土地からきたひとにはつめたいとうつるのだろうが、京都人にはそれなりにかんがえがあってのことだ。

京都はわが国でいちばんふるく都市的性格、いわば非自然的共同体の人間関係が成立したところだ。こうした人間関係の尺度からみれば、たちいったことを他人にたのむことのほうがおかしいのである。一定の距離をのりこえて他人にずかずかたよられることは、京都人にとってめいわくでさえある。人間関係のルールのちがいというべきだろう。京都人的倫理からいえば、人情にからみこんでゆく人生はインチキである。人生意気に感じる、などということは京都人にとってまったくかなわんことなのだ。だから見かたをかえると、京都には政治家や軍人をうむ素地が存在しない。もっとも最近は前大臣や元大臣がすくなくないが、これも政治家がそだったのではなく、大臣インフレ現象のなせるしわざだろう。

京都人の人間関係のルールは一〇〇〇年来の都市生活が自然にうみだした行儀作法の体系といえる。それは人びとがそれぞれの領域をもちながら、たがいにおりあいをつけてゆくルールである。現在いわれるドライとはまたちがう。他の土地では人間関係を善意・悪意でわりきるが、京都人はむしろそうしたやりかたは人間関係を破壊するものだとかんがえる。京都人は歴史的に権勢のうつろいやすさを十二分にしらされている。善意か悪意か、つまり敵か味方か、というわりきりかたをしないのも、そこからうまれてきたものだとおもう。

こうみてくると、ほかの土地からきた人びとに京都人がつめたいとうつるのは、じつは人情がつめたいのではなく、人間関係のルールのちがいである。だから人情がつめたい、という批評を気にして京都人が反省する必要はすこしもない。ながい歴史のなかでそだてきた都市的なルールは、それなりに意義のあるものだ。ヨーロッパでもスペインのいなかなどは人情こまやかだが、ふるい歴史をもつパリやローマのどまんなかはわけがちがう。京都もおなじことだ。京都人気質はいわば歴史のある都市の本質的なものであり、自己改造をはかろうとしてもむりなことだ。こんな自己反省は無用である。

あたらしものぐい

京都人はまえにもふれたように、すみずみまではりめぐらされた膨大なルールのなかで生活している。ルールは表現をかえれば、完成した価値体系といってよかろう。伝統のおもみである。こうしたおもみがあればこそ、内部から既成価値に対する反抗がうまれ、あたらしい価値転換をあえてやろうとする創造力がうまれてくる。「京都人はあたらしものぐいだ」といわれるゆえんもここにあるようだ。文化的な教養のたかさでは、京都市民はおそらく世界で最高の部類に属する。美術にしろ、芸術にしろ一流品が身のまわりにあるのだから、おさないときから鑑識眼が自然に身についている。こうしたみずからの教養に対する反発のかたちで創造力があらわれるのではなかろうか。これは京都人のひとつのつよみであり、あたらしものぐいとか、初ものぐいとけなされるべきすじあいのものではない。

およそ伝統や過去の価値体系がつよければつよいところほど価値転換がむつかしく、それだけに内部からの反発もつよくでてくるわけだ。伝統あるがゆえの前進意欲、これが京都人のあたらしものぐいのエネルギーの基礎といえる。だからあたらしものぐい、そのことに対する自己反省は無用だが、最近そうした前進意欲がよわまってきていることには反省が必要だ。伝統の存在を前提としてのあたらしいこころみをやる意欲を、京都人はもっと持つべきである。しかしあたらしいこころみをやっても、さっぱり発展しない土地であることはたしかだ。いってみれば、苗床のような、実験室のような土地がらといえる。これはやはり伝統の力が圧倒的につよいため、あたらしいものが決定的な勝利をしめえないせいだとおもう。革新陣営からでた市長が、いまでは微妙なバランスのなかで保守陣営とむすびついて市政をおこなっているのも、その端的なあらわれとみられないだろうか。

京都ではつねに革新がアンチ伝統の立場をとれない。伝統との微妙なバランスのうえになりたつのである。ここであたらしいこころみを提案したい。それは全国の都市にさきがけて路面電車を全廃することだ。京都は日本で最初に路面電車をはしらせた都市であり、いまもその電車が北野線をはしっている。建設当時革新的のりものだったものも、いまではまったく時代おくれのしろものだ。都市の未来をかんがえるならば、この際、北野線といわず、交通を妨害する路面電車を全部廃止して、トロリー・バスかバスを発達させるべきではないか。

路面電車全廃に対するいちばんおおきな障害は、市民がいだく市電への愛着というか、ノスタルジアだろう。この対策としては北野線の一部を記念品のかたちでのこして、伝統と妥協することによって解決できることだとおもう。要はおもいきって、全廃にふみきれないことではないはずだ。いまひとつの提案は、すみやかに下水を完備して、市内の全戸が水洗便所にきりかえることを強制的におこなうことだ。東京のように市街地がひろがってしまってからでは、手をつけようとしても手がつけられなくなってしまう。日本の都市は外国にくらべてこういう点ではいちじるしくおくれており、やっと一九世紀のような状態だ。日本の都市の近代化の先頭にたつべきことこそ千年の都、京都の使命であろう。

追記

京都の市電は一九七八年九月に全廃された。北野線は一部ものこらなかった。

御所人形

解説

『京都新聞』で、「京を見なおす」という連載企画があった。同新聞写真部が撮影してきた、京都各地の写真のなかから一枚をえらんで、さまざまなひとがエッセイをかいた。ほとんどが、京都各地の写真と記述であった。わたしは、提供された数枚の写真のなかから、あえて風景ではなく、御所人形の写真をえらんだ。そしてかいたのが、この一文である（註1）。

このシリーズは、のちにまとめられて、『京都再見』という単行本として刊行された（註2）。この本はまた、京都新聞社全社屋竣工《しゅんこう》の記念品として別途刊行され、関係者に配布された（註3）。

この写真には後日談がある。この御所人形のつややかさ、気品あるあでやかさにみせられて、わたしの妻はこれを製作した人形師のうちをたずねて、それをゆずってくれとたのみにいった。返事は「うちは、一見《いちげん》さんにはいっさいお売りしてまへん」と、あっさりことわられた。

（註1）　梅棹忠夫（著）「御所人形」『京都新聞』（夕刊）　一九六五年一一月八日
（註2）　京都新聞社（編）『京都再見』　一九六六年四月　鹿島研究所出版会
（註3）　京都新聞社（編）『京都再見』　一九六六年一一月　鹿島研究所出版会

どこへ旅しても、おみやげというものは、原則として買わないことにしている。あれこれと品えらびをするわずらわしさがきらいなのである。

ただ、みるだけはみる。宗教的な理由から偶像の製作を禁じられているイスラーム諸国をのぞくと、世界じゅうどこへいっても、お人形がある。それぞれに風俗を反映しておもしろく、かわいらしい。

ヨーロッパの人形にはヨーロッパなりの土のにおいがあり、アフリカの人形にはアフリカなりのおかしさがある。

しかし、京都にかえってきて、京都の人形をみたら、世界じゅうどこの人形も、ただのデクにすぎない。御所人形のはだのつややかさ、表情のみやびやかさ。そこにあるのは、土のにおいや郷土性をすべて拒否する、ほんとうの都市の美である。

京都にかえってきて、やっぱり、あちこちでおみやげに人形なんかを買ってこなくてよかったとおもうのである。

松田道雄 著『京の町かどから』——書評

書誌と解説

松田道雄（著）『京の町かどから』四六判 二六二ページ 一九六二年六月 朝日新聞社

松田道雄さんは、わたしのもっとも尊敬する先輩のひとりである。そのかかれるものには、おなじ京都市民のひとりとして、あるいはまた、京都にすむ知識人のひとりとして、共感するところがひじょうにおおきい。その松田さんの著書に対して、書評をもとめられてかいたのが、この文章である（註1）。

松田さんには、少年時代からの京都でのおもいでをかたった、『花洛《からく》』というすてきにおもしろい本がある。あわせてよまれることを、おすすめしたい。京都の市民生活を理解するのに、おおいに役だつであろう（註2）。

（註1）梅棹忠夫（著）「温かい眼・乾いた省察——松田道雄『京の町かどから』」『東京新聞』（夕刊）一九六二年七月一一日

（註2）松田道雄（著）『花洛——京都追憶』（岩波新書）一九七五年一〇月 岩波書店

昨秋以来『朝日ジャーナル』に連載されていたころから、ひじょうに評判のたかいよみものだった。三五篇のエッセイをおさめている。編集者からは、京都のことならなにをかいてもよい、という注文だったということだが、そういう指定のもとに、このような本ができあがるとは、いわばひとつのおどろきである。

松田さんは、思想家あるいは評論家として有名だけれど、この本の題名がしめすとおり「京の町かど」に医院を開業する小児科のお医者さんである。松田さんは、きっすいの京都人かとおもっていたが、この本によると、ご両親とも茨城のひとで、家庭では関東文化だったようだ。松田さんはいわば帰化京都人で、それだけに土着の京都人や完全な他国人ではおもいもおよばないような、京都文化に関するおもしろい観察ないしは考察が、この本にはたくさんふくまれている。

京都に関する本はずいぶんでたが、この本は、京都の市民生活のずっと深部にまでふれているという点で、たしかに特異な本である。ありきたりの京都観とはずいぶんちがうかもしれないが、京都市民の立場からいえば、松田さんはひじょうな正確さで真相をつたえている。

しかし、わたしはこの本を、出版界のいわゆる「京都ブーム」のなかにくわえる気もちにはなれない。これは、京都に関する本というより、むしろ半世紀にわたる日本のインテリゲンチャの、ひとつの精神史の記録という意味でも、たかく評価されるべきだとおもうからだ。著者の微妙な心のうごきに、ひそかな共振作用をおぼえる同世代人は、京都以外の都市にもすくなくないはずである。

激動の時代を生きて、しかし、松田さんは終始みずからは激することなく、時のながれのしずかな観照者であったようだ。すくなくともこの本はそういう精神的姿勢でかかれているようにみえる。

「町かどから」という題名は「みる」ひとの不動の視点の設定を意味するもののようである。おどろくほどあたたかい、ヒューマンな目を随所にみせながらも、しかも底をながれているのは、歴史と人生に対する、かわいた、ひややかな省察である。

それはしかし、まさに京都という都市のもつ精神的特異性ではなかっただろうか。帰化人の松田さんも、けっきょくはこの都市のもつ基本的性格からのがれることはできなかったのかもしれない。もしそうだとすれば、この本は、形而上学的《けいじじょうがく》な意味において、やはりいわゆる「京都もの」にくわえてよいであろうか。

Ⅳ　京ことば

京ことばと京文化

解説

ＮＨＫの連続講座のひとつに、「国語講座」というのがあった。わたしは、そのなかで「京ことばと京文化」というのを担当した。録音は一九五七（昭和三二）年六月二四日、ＮＨＫ京都放送局でおこなわれた。放送は全国放送で、同年六月二八日朝におこなわれた。

放送にさきだって、テキストが印刷・発行されていた。それに放送内容の梗概《こうがい》を執筆した。ここに収録したのは、その文章である（註）。

じつは放送にあたっては、市民の会話など、かなりの録音を使用した。それもここに再録できるとおもしろいとおもって、ＮＨＫに依頼して、当時の録音テープをさがしてもらったのだが、ついにでてこなかった。

（註）梅棹忠夫（著）「京ことばと京文化」『ＮＨＫ 国語講座』一九五七年六・七月号　第三巻第三号　二九―三〇ページ　ＮＨＫラジオサービスセンター

ことしも夏をむかえて、だんだんあつくなってまいりました。七月にはいりますと、京都では祇園祭《ぎおんまつり》がはじまります。祇園祭というと、七月一七日の山鉾巡行《やまぼこじゅんこう》が世界的に有名になりましたが、じつは、七月早々から一カ月ほどのあいだ、さまざまな行事がつづきます。一七日の山鉾巡行と、その前夜の宵山は、その長期にわたる祭のクライマックスにあたるわけです。

山鉾巡行では、長刀鉾《なぎなたぼこ》をはじめとする鉾が目だちますが、山鉾ということばがしめすように、鉾のほかに山とよばれるものがたくさんあります。鉾は車がついていて、のっているひとが祇園囃子《ばやし》をはやしながらすすみます。山は、肩でかつぐ山車《だし》のようなもので、うえに人形がたっています。人形は、白楽天とか保昌とか、歴史上の有名な人物をかたどったものです。

鉾は、それぞれの鉾町というものがあって、各町内でひとつの鉾の維持・管理・運営をやっています。山もおなじ組織になっていて、ひとつの町内がひとつの山をもっています。山をもっている町内では、巡行の数日まえから、町内の一軒にその山の人形をまつり、市民に公開します。市民は、各町内の山を巡拝しておろうそくを献じます。町内の子どもたちがゆかた姿でならんですわっていて、かわいい声で合唱するのです。これは占出山《うらでやま》の例ですが、つぎのようにうたいます。

「安産のおまもりは、これよりでます。信心の御方《おんかた》さまは、ろうそく一本献じられましょう」

このとなえごとは、いまの京都の日常のもののいいかたとはすこしちがいます。「献じられましょう」とは、いまはいいません。アクセントもすこしちがいます。しかし、このとなえごとは、おそらくは何百年ものあいだ、いいつたえ、となえつたえてきたものにちがいありません。これが、むかしからのほんとうの京ことばのおもかげをつたえるものである、というひともあります。

ところで、ほんとうの京ことばとはなんでしょうか。これこそは、万古不易のほんとうの京ことばというようなものがあるわけはありません。ことばというものは、時代とともに多少ともかわってゆくものです。どの時代のものが「ほんとう」ということはありません。京ことばも、その時代の京都市民のはなしていることばが、その時代のほんとうの京ことばなのであって、どの時代のものがただしい、などとはいえないのではないでしょうか。

京都という都市は、社会的・文化的には、もともとふたつの部分からなりたっています。ひとつは、宮廷を中心とする公家《くげ》および神官、僧侶《そうりょ》などで構成される貴族階級です。もうひとつは、いわゆる町衆を中心とする一般庶民階級です。おなじ都市に生活しながら、このふたつの階層は、習慣も、かんがえかたも、そしてことばも、かなりちがっていたともわれます。

たとえば、さきほど話にでました祇園祭にしても、いまでは京都という都市全体の祭のような印象をあたえていますが、あれは、むかしから祇園さん、つまり八坂《やさか》神社の祭なのです。八坂神社の氏子というのは、いまの祇園町ではなく、鴨川の西、中京《なかぎょう》あたりの町衆のことです。中世以来、祇園祭は町衆の祭なのです。それに対して、京都にはもうひとつ、有名な祭があります。それは、五月一五日の葵祭《あおいまつり》です。これは、賀茂の祭ともいうように、賀茂御祖《かものみおや》神社（下鴨《しもがも》）、賀茂別雷《かものわけいかずち》神社（上賀茂《かみがも》）両社のお祭で、これにはいまも勅使がおいでになります。これは、王朝時代以来の宮廷貴族の祭といってよいでしょう。

ことばについても、宮廷貴族のことばと町衆のことばとは、かなりちがっていたはずです。現代の京ことばを、なんとなく公家ことばの系譜をひくものとおもっておられるひともあるようで、じっさい京ことばの語彙《ごい》集のようなもののなかには、どうも宮廷女官の用語ではないかとおもわれる単語が混入したりしていることがあります。しかし、現実には、明治以後は天皇家も、公家も、女官たちも、みんな京都をすてて東京にうつってゆかれたために、京都にはその種の宮廷文化はほとんどのこっていません。ことばも、やはり町衆のことばが現代の京ことばの基本になっているものとおもわれます。かえって、東京の宮廷においては、かなりあとまで、京ことばがのこっていたときいております。

もっとも宮廷語と町衆語の差異は、それほどおおきいものではなく、どちらも京都語のヴァリエーションであったことは、まちがいありません。

☆

町衆文化の系譜をひく京都市民の言語生活について、いくらかその特徴のようなものをさぐってみましょう。

第一にあげるべき特徴のひとつは、京都のひとはたいへんなおしゃべりだということでしょう。京都の人たちは、男性も女性も、じつによくおしゃべりをします。ほうっておいたら、いつまででも、ながれるような調子でしゃべっています。

このことは、日本文化のなかでは、あまり一般的とはいえない特徴です。日本全体をみますと、やはり武家の文化的伝統がつよいものですから、多弁はむしろいやしめられていたようです。おしゃべりというのは、京都のように、武家の文化が完全に欠落した都市において発達した文化的特徴であるといえるでしょう。

京都では、じょうずにしゃべれるということは、あきらかにひとつの美徳になっています。口べたのひと、訥弁《とつべん》のひと、寡黙のひとは、「どこぞおかしいのとちがうやろか」ということになります。不言実行のひとなどというのは、いつ不意うちをくわせるかわからない油断のならない人物として、警戒されるだけです。京都では、とにかくつねに流麗で豊饒《ほうじょう》な会話をたのしむことが肝心です。

ここで、じょうずにしゃべるとはどういうことか、それが問題です。京都の場合、じょうずなしゃべりかたというのは、論理的に相手を説得するとか、ことばたくみに同調させるとか、そういう実用的効果を問題にしているのではありません。むしろ、内容よりは外面的な美学が優先します。会話は、なめらかでないといけません。ことばにつまったり、とつとつとしゃべるのではだめです。よどみなく、リズミカルで、じゅうぶんに抑揚をつけてはなさなければなりません。

テンポについては、一般に京ことばといえば、たいへんゆっくりした、悠長なものとかんがえられていますが、それはかならずしもそうではありません。祇園の舞妓《まいこ》さんなんかのことばをきいて、京ことばをテンポのおそいことばとうけとっておられるかたもありますが、舞妓さんや芸妓《げいこ》さんのお座敷における京ことばというのは、お客をよろこばせるために特別の発達をとげたものであって、そういうものを京ことばの主流とみとめるわけにはゆきません。彼女たち自身も、日常生活でそれほど悠長な会話をしているわけではありません。中京あたりの、一般市民の京ことばというのは、むしろかなりテンポのはやいものとみたほうがよいでしょう。

☆

京都市民の言語生活における特徴のひとつとして、外交辞令の発達ということをあげなければならないでしょう。京都においては、つきあいは、すべて外交なのです。むこう三軒両どなりといえども、けっしてなれなれしいことばをつかってはいけません。それらの人たちも、無限にとおい距離にあるひととおもってつきあわなくてはなりません。ことばづかいはどこまでもていねいでなければならないのです。たとえば、「さようでございますでございます」といっても、べつにおかしくはありません。なお、ついでにもうしておきますと、「ございます」ことばは、いまでは東京でもふつうにつかわれていますし、さらにその変形として、「ざあます」ことばがおこなわれていますが、この「ございます」

ないしはその原型としての「ございます」は、もともと京都のことばです。京都の公家の娘などが江戸の上層武家に降嫁《こうか》して、江戸につたわった語法であるといわれております。

京都においては、なにごとも婉曲《えんきょく》にいわなければいけません。ストレートな、率直な表現は、ただ粗野と不作法ととられるだけで、すこしも評価されません。なにごとも、オブラートでつつんで、やわらかく、まわりくどくいわなければならないのです。京都のひとは勘がよろしいから、ずいぶんまわりくどい表現でも、ピンとわかります。

ていねいなことばづかいは、ふつうは身分の上下関係とむすびつけてかんがえられることがおおいのですが、京都の場合はそうではないようです。身分の上下に関係なく、市民のあいだの対等のつきあいにおいて、ひじょうにていねいなことばづかいをします。もともと京都の市民は、むかしからの町衆社会における対等性を前提にしていますから、身分の上下関係なんか、あるわけがないのです。ことばづかいのぞんざいなひとは、市民社会における基本的なルールをしらないひと、つまり行儀しらずということになって、うとんじられることになります。

ことばづかいのていねいさは、日常の家庭生活においてもみられます。親子、兄弟、夫婦のあいだでも、よそのひととはなしているのとおなじくらい、ていねいなことばではなしていることもまれではありません。よそのひとがきいていたら、とてもひとつの家族内の会話とは信じられないようなことばづかいをしていることがおおいのです。

☆

もうひとつ、京都市民の言語生活の特徴をあげますと、ステロというのでしょうか、紋きり型というのでしょうか、会話において型のきまった表現がひじょうに発達していることです。

じつは、そういう会話の実例の録音をとろうというので、ふたりの京都市民に、しばらくぶりに顔をあわせたという想定で、会話を実演してもらったのです。録音はぶじ終了したのですが、そのときの録音係のひとの話がたいへんおもしろいのです。出演してもらったふたりの京都市民というのは、もちろんしろうとですが、録音をはじめるにあたって、うちあわせもなにもなしで、いきなりはじめたそうです。いわゆるぶっつけ本番というやつです。それでいて、おふたりとも立て板に水、まったくよどみがない。一回で、みごとな会話の録音がとれたそうです。録音係のひとは、まったくびっくり仰天したということでした。

じつは、これはなんでもないことなのです。おふたりとも、みんなきまり文句でしゃべっているのです。どういうときにどういうか、相手がこういえば、こういうということが、おそろしくこまかにきまっているのです。おいわいごと、おくやみごとは当然ですが、その他の日常のことについても、みんなきまり文句が用意されているのです。

これは、ことばにかぎらず、京都の文化全体に通じていえることでありまして、どういうときにどうふるまうかが、こまかにきまっているのです。いわば、詳細にして巨大なる行儀作法の体系が、厳然として存在しているということなのです。もしそれをしらずして、その詳細にして巨大なる行儀作法の体系から一歩はずれると、たちまち、行儀しらずのいなかものよ、とさげすまれるのです。

都の人間として通用するためには、その詳細にして巨大なる体系を、からだ全身でおぼえなければなりません。そのための訓練は、子どものときからずいぶんきびしいのですが、京都でそだった人たちは、いつのまにか身についています。ことばについても、ステロの訓練はきびしいのですが、いったんおぼえこんだら、もうレールのうえをはしるようなもので、いくらでもその場その場にあわせて、適切な会話が、いともうつくしく、なめらかにでてくるものなのです。

ただし、要するにステロ版のくみあわせですから、けっきょくは口さきだけのやりとりです。心のなかのふかいところには、なかなかきりこんできません。むしろ、京ことばというのは、心のなかのふかいところにさわらずに、表面だけの社交でさらりとかわすために発達したようなところがあります。本心をかたったり、ひとの心にふかいりしたりすることは、京都のひとにとっては、たえがたいことなのです。

☆

こういうふうにかぞえあげると、京ことばの特徴は、かなり奇妙なものかもしれません。

よそのひとからみると、京ことばと大阪弁とはしばしばおなじようにきこえるようですが、わたしどもからみると、全然ちがいます。京ことばには、大阪弁のような直截《ちょくせつ》さと簡明さはとてもありません。大阪弁の、あの肺腑《はいふ》をえぐるえげつなさ、あるいはまた、あのおとぼけをともなった交渉力は、京ことばにはとても期待できません。

京ことばは京ことばで、学問も芸術も、近代的技術も、それはなんでもいえます。それはそれで、ひとつの完成した言語体系にはなっています。しかし、この言語はやはり、千年以上の都市の生活のなかで、市民の交際の道具として、洗練され、完成されてきたものという性質がつよいようです。京ことばはついに、都市的社交の言語というべきものかもしれません。

京ことばのしおり

解説

京都語の文典をつくりたい、というかんがえはまえからあった。その言語を母語としてそだち、しかも言語現象につよい興味をもつ人間として、当然のことであろう。ここに収録したのは、そのための、断片的おぼえがきである。体系化された文典というには、ほどとおく、いわばほんのメモにすぎない。

体系的な京都語文典のこころみは、すでにある。楳垣《うめがき》実氏の『京言葉』がそれである（註1）。この本をわたしは、なくしてしまったので、こんどこの項をかくのに参照できなかった。京都語の語彙《ごい》については、井之口有一、堀井令以知両氏の『京都語辞典』がある（註2）。その他、京都語の諸相については、いくつものおもしろい文献がある（註3）。

（註1）楳垣実（著）京都市文化課（編）『京言葉』（京都叢書）一九四六年一二月　高桐書院

（註2）井之口有一、堀井令以知（著）『京都語辞典』一九七五年三月　東京堂出版

（註3）たとえば、つぎのような書物がある。
寿岳章子（著）『暮らしの京ことば』（朝日選書）一九七九年八月　朝日新聞社
木村恭造（著）『京ことばの生活』一九八三年八月　教育出版センター

京都語の文典をめざして

これは、もしもの話であるが、たとえ日本国家が崩壊したとしても、京都人にとって、京都は存在しつづけるのである。永遠の都・京都という自負は、ゆるがしがたい。たとえ日本が外国人に占領されたり、日本国家が解体しても、京都だけはのこるだろう。そして独立の都市国家、京都ができたとき、その国の国語はなにになるであろうか。

現代日本語では絶対ありえない。現代日本語には、標準語というものが存在するとおもっているひとがおおいが、いまだかつてそういうものが制定されたという事実はない。いまあるのは、徐々に形成されつつある日本共通語だけである。しかし、京都のひとはそんなことばはしゃべっていない。しゃべれといっても、むりである。そうすると、京都国家の国語は京都語以外にはない。そうなった場合、いまの京都語というのは、口頭の日常会話がおこなわれているばかりで、きちんと整理されていない。文典もできていない。いま、京都語の辞典というのは、あることはあるが、完全なものではない。京都語の言語学的研究というのも、しっかりおこなわれているわけではない。京都語の動詞、形容詞の活用は、共通語の活用とは、だいぶちがっているし、助動詞や語尾の助詞のつかいかたも特別である。それらをきちんと整理して、ゆくゆくは京都語文典をつくりたいものだとかんがえていた。この京ことばのしおりも、そのための断片的おぼえがきとおもっていただきたい。

暖簾

全国各地のみやげもの屋で、その地方の代表的な方言をそめぬいた手ぬぐいを売っている。京都もご多分にもれず、平安神宮前のみやげもの店などでその種のものをみることができる。たまたま手にいれたのは、手ぬぐいではなくて、暖簾《のれん》であった。京都語では、「のーれん」と発音する。

背景に「大文字《だいもんじ》」と五重塔と大原女《おはらめ》などいかにも京都らしい風物をあしらい、特徴的な京都語をそめぬいている。なかには「せわしない」「ええかげんに」など京都語というよりは、共通語化しているものもあるが、「おいでやす」「おおきに」は代表的な京都語といってよいだろう。「おいでやす」は共通語でいえば「いらっしゃいませ」にあたる。「おおきに」は「ありがとう」である。

この種の京都ことばの紹介というのは、おそまつきわまりない。われわれ京都人からみたら、まったくおかしい。じつにいいかげんで、断片的な京ことばの紹介である。こういった手ぬぐいのたぐいで、京ことばがすこしでもわかるとおもったら、大まちがいである。じっさい京都でつかわれていることばと、だいぶずれがある。

いまは、テレビやラジオの影響で、京都語もかなりの程度に全国的に理解されるようになっているが、なお独特の語彙《ごい》や、語法もすくなくない。二、三の例をあげながら、解説をこころみてみよう。

どすえ

〽京都の名物なんどすえ
　まったけ、たけのこ、そうどすえ

という歌がある。共通語に翻訳すると、

京都の名物はなんですか。
マツタケとタケノコと「そうどすえ」ということばです。

ということになろうか。

この歌には、いくつかの註釈《ちゅうしゃく》を必要とする。「まったけ」ではなく、「まったけ」である。「なんどすえ」「そうどすえ」の語尾の「え」は、「なんどすえ」「だれどすえ」などのように疑問詞をうけるときには、疑問の助詞「か」を意味する。うえに疑問詞がない場合、さきの「そうどすえ」などの場合には「そうですよ」の「よ」にあたる。

京都のことばで特徴的なのは、「どす」ということばである。これは、共通語の「です」にあたる。大阪では、これが「だす」、しばしば語尾の「す」がきえて、みじかくなり「だっ」となる。おなじように大阪では、語尾の「……ます」も「……してまっ」「ありまっ」という。

「どす」というのは、京都のごく日常的な表現である。それにさまざまなニュアンスをあらわす終助詞がついて、「そうどすえ」「そうどすわ」、さらに短縮されて、「そうどっせ」などとなる。

お豆さん

京都では、ふつうの物質名詞に敬語的表現がひじょうにおおい。とくに日常、家庭のたべものによくみられる。「おだい」はダイコン、「おなす」は、ナス、「おとふ」は豆腐、そして「おかぼ」とはカボチャのことだ。カボチャとそのままいわれると、グチャッとつぶれたような、ものすごくいやな感じにきこえる。ほかに「おしょゆ」(醤油《しょうゆ》)、「おかき」(かき餅《もち》)、「おまん」(まんじゅう)、「おぶ」(お茶)などの例がある。たべもののほかにも、「おなべ」「おはし」「おちゃわん」など「お」のつく場合がおおい。身体用語でも「おなか」(これは共通語でもそうであろうが)、「おいど」(尻《しり》)などの例がある。

台所用語がおおいが、とくに女ことばというわけではなくて、男も日常的につかう。この「お」は敬語の「お」ではない。ちかごろの幼稚園ことばでは、「おハンカチ」「お洋服」のように、なににでもやたらに「お」をつけるいいかたが流行しているが、それとはちがう。つく場合とつかない場合がはっきりしている。つかない例として、おなじたべものでも、ごんぼ(ゴボウ)、キュウリ、かしわ(鶏肉)、グジ(甘鯛《あまだい》)などがある。

「お」がついたうえに「さん」をつける場合もある。たとえば、「ふ」は「おふーさん」、ゆばは「おいばさん」、「お豆さん」「お芋さん」などの例がある。

おしゃもじ

やはり台所用語だが、いまでは共通語化したものに、「おしゃもじ」がある。これはもともと杓子《しゃくし》の語頭音「しゃ」だけをとって、「しゃの字」という意味で「しゃ文字」といういいかたからきている。語頭音をとって、文字をつけ、名詞にした例がすくなくない。たとえば、「おすもじ」は寿司のことである。「おくもじ」はつけもののことである。この「く」はなんであろうか（井之口、堀井『京都語辞典』では「くき漬け」とある）。たべものではないが、「おゆもじ」は、湯まきからきた。腰まきのことである。「かもじ」というのも、おそらくは、おなじ造語法によるものであろう。

これはいずれも、もともと宮中の女房ことばであったのだろうが、市民の日常語としてもふつうに通用していた。しかし、いまでは、「しゃもじ」をのぞいては、ほぼ死語になったようだ。

マルペケ

　最近はラジオ、テレビを通じて、東京弁を基礎にした共通語がひじょうにひろがっている。そのなかには、京都人をおどろかせるようないいかたもすくなくない。そのひとつにジャンケンポンがある。京都ではジャンケンホイだ。わたしはジャンケンがポンになるとは、おとなになるまでしらなかった。ジャンケンホイ、あいこでホイ、関東語では、あいこでショ、というらしいが、京都ではもともとホイである。

　おなじようなことで、いまもしばしば心理的に抵抗があるのは、マル、バッといういいかたである。バッといういいかたは、京都語には、まったくなかった。いうところのバッ印をわたしらは、ペケといった。マルペケ式である。バッといういいかたは、東京ではバッテンという語からきたらしいが、そもそもこの語が京都語にはない。

ございます

　音韻とは、かんたんにいうと、アイウエオ、カキクケコという個々の言語音の体系のことである。京都では、この音韻が東京語とひじょうによくにている。名古屋地方や東北などは、音韻体系がかなりちがっている。東北では、濁音がひじょうにあいまいになったり、「わたし」が「わたす」になり、シとスが混同したりする。関西でも、すこし南のほう、和歌山あたりにゆくと、kw音のように京都語にはない音韻がでてくる。

京都語と東京語で、音韻が唯一ことなるのは、鼻濁音であろう。京都には、「んが」と鼻にかかる濁音がない。ところが、東京のひとのなかには、「が」と「んが」の区別をたいへんやかましくいうひとがいる。ひとによっては、両者をきびしくつかいわけているようであるが、京都では「が」だけである。じっさいは「んが」と発音している場合もあるのだが、特別にそれをべつの音韻というようには、かんがえてはいない。同音である。この鼻濁音「んが」をのぞいては、音韻的に京都語と東京語は、たいへんよくにている。

京都語と東京語は音韻だけでなく、語彙の点で意外に共通点がおおい。なぜかというと、それには歴史的な背景がかんがえられる。現在の、いわゆる東京の山の手というのは、江戸時代にさかのぼってみると、上級武士であった家がおおい。当時の大名家や上級武士などのあいだでは、京都からお嫁さんをもらうのが、一種のはやりだったらしい。ずいぶんおおくの京都の女性が、江戸の上層階級に流入している。京ことばがひろまるのも当然である。いまの、NHKなどが放送の基準にしている言語は、東京の山の手の中流家庭の言語を基礎にしたものといわれるが、それには、京都語の影響をぬきにしてかんがえることはできない。「ざあます」ことばが山の手の奥さま族の代表的ないいかたのようにいわれているが、これも京都語の「ございます」がもとである。

アクセント

京都語においては、アクセントはきわめて厳格である。アクセントをまちがえると、きくにたえないいなか弁になる。

どうして京都語では、それほどまでにアクセントがきっちりできているかというと、中国語の四声《しせい》の影響ではないかという珍説がある。たしかに、中国文化が大量に京都にながれこんだのは事実である。京都語の抑揚、声のあげさげが、中国語の影響をうけたとしても、ふしぎではない。しかし、この説はどこまで信用できるかわからない。

京都語のアクセントの厳密さを、文字でかくのはむつかしい。耳でたしかめないとわからない微妙な点がおおい。それらを、あえて点と線であらわしてみることにする。日本語のアクセントはだいたい高低の二段で全部かくことができる。関東弁と京都語ではアクセントの高低が逆になっている場合がすくなくない。たとえば橋、箸、端などがそれである。その関係を表にしてしめすと表1のようになる。九州では、こういうアクセントによる意味の区別はない。

二音節の場合、高から低、低から高、高から高のほかに、京都では、独特の急降下型ともいうべき抑揚がある。これは、ほかの地方にはおそらくはみられないのではなかろうか。たとえば春夏秋冬のうち、ナツ、フユは高低で問題はないが、ハル、アキはこの急降下型である。しいてカナでかけば、「ハルゥ」「アキィ」で低高の二音節めの母音が急におちる。

表(1)

関東弁	京都語	
ハ　シ	ハ　シ	橋
ハ　シ	ハ　シ	箸
ハ　シ	ハ　シ	端

表(2)

関東弁	京都語	
カキネ	カ　キ	垣
カ　キ	カ　キ	牡蠣
カ　キ	カ　キ	柿
カ　キ	カ　キ	花器

表(3)

関東弁	京都語	
ク　モ	ク　モ	雲
ク　モ	ク　モ	蜘蛛

表(4)

関東弁	京都語	
ア　メ	ア　メ	飴
ア　メ	ア　メ	雨

これで同音語をいいわけている場合もすくなくない。たとえば、表2、表3、表4のようになる。

これらがきちんといいわけられるかどうかで、京都人かどうかすぐにわかる。微妙な変化なので、ふつうにきいていてもわからないかもしれない。

きっすいの京都人かどうかは、地名のいいかたをきくといっぺんにわかる。たとえば、四条《しじょう》と烏丸《からすま》（ヨンジョウ、カラスマルではない）などはかんたんだが、東洞院《ひがしのとういん》、それに対して、西洞院《にしのとういん》はなんと発音するか。東洞院の場合は、語頭の「ひ」に高アクセントがある。西洞院の場合は、「の」に高アクセントがある。

テレビやラジオで俳優に京都語をしゃべらせるときには、よほどの訓練が必要である。ひとつまちがっただけでも、ぶちこわしになる。

ひちや

京都と東京の音韻が、ひじょうによくにているといったが、ただひとつだけ、逆転する音韻がある。それは、「し」と「ひ」の混合である。東京では、「ひ」が「し」に転化するケースがおおい。「ももひき」を「ももしき」という。しびや公園といい、「ひびや」と「しぶや」が、おなじにきこえたりする。この「ひ」が「し」に転化する傾向は、東京の下町では、とくにつよい。

それとは正反対に京都では、「し」が「ひ」に転化する。関東のひとが京都へきて、まずびっくりするのが、「ひちや」である。「しちや」ではない。じっさい質屋の看板に「ひちや」とかいてある。

おなじように、数字の七も「しち」ではなくて、「ひち」である。わたしは、かなりおとなになるまで、東京語で「しち」であることをしらなかった。むかしのかぞえ唄に「七本めにはひめこまつ」という歌詞がある。「ひめこまつ」の「ヒ」に対応するのだから、「しち」ではなく「ひち」でないと、かぞえ唄としてこまることになってしまう。

京都に、罵倒《ばとう》のかぞえ唄がある。

京都	共通語
一《いち》びりやがって	一《い》いきでふざけやがって
二《に》くいやっちゃ	二《に》くいやつだ
三《し》ゃべりやがって	三《し》ゃべりやがって
四《し》りもせんと	四《し》りもしないで
五《ご》てくさぬかすな	五《ご》ちゃごちゃぬかすな
六《ろく》でもないこと	六《ろく》でもないこと
七《ひ》ねったろか	七《ひ》ねってやろうか
八《は》ったろか	八《は》りたおそうか
九《く》そぼうず	九《く》そぼうず

十《と》んでいけ　　　十《と》んでいけ

この唄も七が「ひち」でなければなりたたない。

京都では通《とおり》の名まえが五条、六条、七条というように数字になっている。この七条もよみかたは、「ひっちょう」で、「ひち」である。私鉄の駅名板などには「しちじょう」と表記してあるが、発音は「ひっちょう」である。国鉄京都駅のことを、京都市民は、山陰線の二条駅に対して、七条駅とよぶ。これも「ひっちょぇき」である。

駅といういいかたは、むしろあたらしいものであろう。むかしはステーションといった。「ひっちょうのステンショ」というひともおおかった。なかには、ステンショと停車場をくっつけて、「ステンシャ場」というひともあった。

セエ・パア

京都の名詞には一音節語がない。これは、かなりはっきりした特徴である。共通語における一音節の名詞は、京都語では、すべて二音節化している。「麩さん」も、「ふ」ということはありえない。木も「きイ」、葉のことは「はア」、毛のことは「けエ」、輪は「わア」という。関東語では、単音でいうために、京都人にはひじょうにききとりにくい場合がある。野球のリーグ名も、ラジオなどでは、「セリーグ」「パリーグ」というが、京都ではこれも「セエ」「パア」である。共通語でも単音の場合は、ききとりにくいからであろう、

「はっぱ」「ねっこ」のように多音節化する傾向がある。

京都語の場合、一音節語が二音節化すると、もともとの二音節語とおなじになってしまう場合がある。たとえば、「血」は京都語では、「チイ」である。すると「地位」とおなじになってしまう。それをどう区別するか。それはアクセントで区別する。「血」の「チイ」のアクセントは、高高である。「地位」の「チイ」のアクセントは、高低である。「木」は「きイ」である。すると「紀伊」「奇異」とは音ではおなじになる。これもアクセントで区別する。「木」は「きイ」、低高である。「紀伊」は低高（急降下）、「奇異」は高低となる。

だんなはん

「しちや」が京都語で「ひちや」になるように、共通語のサ行音が、京都語では、ハ行音になっている場合がしばしばある。たとえば敬称の「さん」は、「はん」になることがおおい。「だんなはん」のだんなに対して「奥さん」のことはなんというか。「奥はん」ではない。京都には、もともと奥さんにあたる語はなかった。現代はそのいいかたもふつうにもちいられるようになったが、むかしはなかった。江戸では「おかみさん」、大阪では「おいえはん」、京都では名をよぶのがふつうであった。ついでながら、女中――いまでいうお手つだいさん――のことは、「おなごっさん」である。これは「女子衆《おなごしゅう》さん」であろう。下男は「おとこっさん」といった。丁稚《でっち》名には「どん」または「とん」がついた。

「よしどん」「さだきっとん」である。番頭も清七《せいしち》とんのようによんだ。おなごしは「どん」がついた。お清どん、お春どんなどである。「おばはん」「校長はん」「番頭はん」。ただし、すべての「さん」が、「はん」になるとは、かぎらない。「おばはん」に対して「おっさん」、「番頭はん」に対して「でっちさん」。どういう場合に「はん」になり、どういう場合が「さん」なのか、わたしも法則をつかみかねている。

サ行音がハ行音に転化している例は、いくらでもある。たとえば、「……しましょう」というときは、「……しまひょ」となる。「しません」は「しまへん」である。いずれの場合にも、どういうときにs音になり、どういう場合にはh音になるのか、その法則は、よくわからない。用言の活用中におけるs→h変換の例はあとにくわしくのべる。

かりてきたネコ

共通語における「あう」という母音をもつ動詞が過去形になると、京都語では、「お」音便になる。たとえば、「しまう」が「しもた」、「もらう」が「もろた」、それが短音化する。

動詞、形容詞などの、いわゆる用言の活用においても、かなり特徴がある。京都にきたよその土地のひとが、しょっちゅう混乱し、京都人自身もこのごろ混乱しているのが、「かった」ということばである。京都語で「かった」というと、共通語の「借りる」という動詞の過去形である。京都では、「借りる」といわず、「借る」である。ものを「買う」の場合は「買った」といういいかたもするが、やはり基本的には、「こうた」である。京都語で、「かりてきたネコ」という表現をするならば、「かってきたネコ」となる。ペットショップで「こうてきたネコ」とまちがえてはいけない（表5）。

表(5)

	例	未然	連用	終止	連体	仮定	命令
京都語	借《か》る	ら	り っ	る	る	れ	れ
共通語	借りる	り	り	りる	りる	りれ	りろ
京都語	買《か》う	(か)わ	(こ)う	(か)う	(か)う	(か)え	(か)え
共通語	買《か》う	わ	い っ	う	う	え	え

はよいこ

京ことばはすべてスローテンポで、ゆっくりしたはなしかたばかりかというと、そうでもない。朝、子どもがともだちをさそうのに「はよ、がっこ、いきまひょ」という。「はやく学校にいきましょう」ということなのだが、京ことばの特徴がよくあらわれている。特徴のひとつに短音化がある。京都語で動詞や形容詞に、ぅ音便がふくまれている場合、すべて短音化される。たとえば、「いこう」が「いこ」、「はしろう」が「はしろ」、「かえろう」が「かえろ」。

形容詞でもおなじで、「はやく」が音便で「はよう」になり、「う」がおちて「はよ」となる。「はよいこ」、もうすこしていねいにいうとしたら、「はよ、いきまひょ」。共通語の「いきましょう」の「しょう」にs音がh音に転化する法則がはたらいて、「いきまひょう」、そして「う」がおちて「いきまひょ」となる。京都語らしくきこえてくる。

夏、海水浴にいって、日にやけた。そのとき、「色がくろくなった」とはいわない。「くろなった」という。

しいひん・せぇへん・しやへん

動詞の肯定文は、はじめにのべたように、「……どす」でおわる。共通語の「です」にあたる。たとえば「へぇ、そうどす」（はい、そうです）、「えーお天気どすな」（よいお天気ですね）。

形容詞肯定文は「おす」になる。「そら、よろしおす」（そりゃいいわ）、「おいしおすなあ」（おいしいわねえ）。

動詞の否定表現は、未然形に「へん」がつく。共通語の「せん」に対して、「へん」である。ここでまた、s音がh音に転化する法則がはたらく。「しまへん」「いきまへん」、それが過去形になると、「……しまへなんだ」「いかしまへなんだ」となる。

五段活用の場合は「へん」であるが、一段活用の動詞の否定形はちがう。「みる」は「みへん」ではなく「みいひん」となる。「へん」のかわりに「ひん」がつく。「しいひん」「きいひん」と一貫して、五段活用以外の動詞のい音語尾の否定形は「ひん」がつく。ただ若干の例外的な変化もある。「しいひん」に対して「せえへん」、または「しやへん」、「きいひん」に対して「きやへん」ということもある。しかし、基本的には、原型は「へん」、い音語尾の動詞には「ひん」をそえる。

共通語の「ありません」は「ありまへん」になるが、もともとこれは「ございまへん」であった。近代京都語では、「ありまへん」にかわって「あらしまへん」、過去形は「あらしまへなんだ」。「いきまへん」のかわりに「いかしまへん」という。このいいかたは以前はなかったようにおもう。

「よう……せん」というのは、上方《かみがた》方言全般に共通のいいかたであるが、文語の「え……せず」の現代語ふういいまわしといってよいだろう。「わたしは……できません」という意味である。

共通語でもかなりあることだとおもうが、京都語では、語尾の助詞がものすごく発達している。「いきますわ」の「わ」、これは京都ではふつうの男のことばである。それなら女のひとはどういうのかというと、「いきますえ」となる。スポッときれることはすくない。なにがつくかは、そのときどきでいろいろにかわる。

「いきますわ」についてかんがえてみよう。

すこし、しんどいことでゆかなければならないときは、「まあ、しゃあないな、いかんならんなー、ほなら、アテいきまっさ」となる。また、「あんた、いくのかいかへんのか、どっちなんや」とつめよられたら、「いや、アテ、いきまっせ」とこうなる。つい時間がおそくなって、「ホナ、もうそろそろ、いきまひょか」という。

それぞれ微妙なニュアンスのちがいがあって、文法書にまとめるのがむつかしいだろう。京都では状況に応じた語尾の助詞のヴァリエーションは、かなり発達している。

語尾の助詞としてほかに「しまへんがな」の「な」、「あらしまへんねん」の「ねん」、「そうやろかいな」の「かいな」などいろいろなものがある。これに習熟するには、そうとうの努力が必要であろう。

あてらしらんで

もうひとつ、おもしろい特徴として、京都人ならすぐにわかることだが、「がっこへいく」の「へ」がぬけるといった格助詞の大量欠落がある。「本をよむ」は「本よむ」、「着ものをきる」は「着もののきる」、「わたしがする」は「わたしする」。日常語はしばしばそうなっている。

格助詞でぬけるところまるのは、すくない。だれそれさんといっしょにの「と」、所有をあらわす「の」などである。「わたし着もの」とはいわない。

「わたしがします」「わたしがいきます」の「が」はほとんどつかわない。しばしば「が」のかわりに、「わたし」という一人称単数を複数化していうことがある。

わたしもよくつかったはやしことばに、男の子がいたずらして、にげるとき、「あーてらしらんで、しーらんで、しらんで」というのがある。

ひとりひとり自分でいうときも「あてら」という。「あてらしらん」は、「わたしは、しりません」ということなのだが、「は」のかわりに「ら」をつかって、複数にするのである。

このように、京ことばは、すべて話のテンポがおそく、会話に時間がかかるとおもわれがちだが、たいへん簡略化しているところがある。

たたかはった

子どもがそとでよその子どもとけんかをして、ぶたれてかえってきた。そのとき、共通語では、「〇〇ちゃんがたたいたぁ」というが、京都の口語で「たたいた」といういいかたはしない。「○○ちゃんがたたかはった」という。自分をたたいたけんか相手にまで敬語をつかうのかとおもわれるかもしれない。

　また、京都では、よそのひとに対して、たとえば、「うちのおとうさんがかかはりました」という。ふつう共通語では、家庭内や身内については敬語をつかわないのが、ただしいとされている。「はる」といういいかたを敬語としてきいて、京都のひとはことばづかいをしらないというひとがあるが、それはちがう。この「はる」といういいかたは、多少ていねいさをふくんではいるが、敬語というほどのことはない。日常的な肯定文の語尾である。

　それならば京都の敬語表現はどういうものか。じつに明快である。動詞の連用形に接頭語の「お」をつけ、語尾は助動詞の「やす」になる。たとえば、

「おいでやす」（いらっしゃい）、「おかきやす」（おかきになる）、「おたべやしたか」（おあがりになりましたか）。

　この「お……やす」が相手に敬意をしめすふつうの表現で、これを自分の身内のことをいうのにつかうと、おかしい。

　反対に、敵対関係をもって相手を見さげはてるときのいいかた、罵倒《ばとう》、罵詈《ばり》のことばはどういうものか。それは、さきほどの「たたかはった」の例をとると「たたきおった」「たたきやがった」となる。もっとはげしくなると「たたきくさった」、これはもう最低だ。このようにけんかのときの、ののしりことばはいくらでもある。京都語でそういうことは

いえないわけではない。口げんかもいくらでもする。しかし、京都語でけんかをしたら、多少まのびしたものにきこえるであろう。まず、とうてい東京弁や大阪弁の敵ではない。

おいでやす

「お……やす」の敬語表現は、平常文でつかわれる。それならば、相手になにかをさせようとする命令文が敬語的いいまわしになったら、どうなるであろう。

「わけがあるなら、はなしてごらん」というように、共通語で「……してごらん」といういいかたがある。京都語では「しておみ」、つづけて「しとおみ」という。「わけがあるならはなしとおみやす」、「ごらん」に対して、「み(る)」の「み」をつかう。「しとおみ」に敬語表現の「やす」がついて、「しとおみやす」になる。「み」のまえの「お」は、動詞の単純敬語形で、あとに「やす」をつけずに単独で動詞につく場合がすくなくない。「おたべ」「おのみ」「おあがり」がその例である。あとに「やす」がつくと、きちんとした敬語表現といえる。

おなじくていねいな命令文として、相手になにか依頼するときはどのようにいうのであろうか。共通語でいうと「……してください」といういいかたである。すこしくだけて「……してちょうだい」という場合もある。それが「してごらん」と「しとおみ」の対照とまったくおなじ変化をしている。「ください」が「おくれやす」となり、「よんでください」は「よんどおくれやす」、「きてください」は「きとおくれやす」という。

お客が店にはいるときに「ごめんやす」という。それをむかえる側は、共通語では「いらっしゃいませ」というが、京都語では「おいでやす」という。これは、あいさつことばで、一般に「くる」の敬語は「おこしやす」である。

話はすこしかわるが、子どもやごくしたしいひとに「いらっしゃい」ということを、共通語ではよく「おいで」という。京都の人間にとって、この「おいで」といういいかたは、かなり耳ざわりである。理屈ぬきでイヤな感じがする。最近のわかい人たちは、あるいは平気かもしれないが、以前はいわない言いかたであった。

それなら、ちいさい子どもをよぶときには、どういうかというと、「はよ、こっちおいない」という。「おいない」ということばはしたしみをふくんでいるが、赤ん坊からおとなまでつかう。単純に「おいでやす」というときもある。これはきつい命令調だ。

ついでにいうと、ものをねだるとき、「おくれ」というのもよくない。「これおくない」という。もちろんこれは、子どもことば、同輩ことばで、もうすこしていねいにいうと「おくれやす」となる。

いてさんじます

京都の日常会話のスタイルは、おおきく二種類にわけられる。きわめてしたしい関係のひとに対することばづかいと、ちょっと距離をおかなければならないひとに対することばづかいである。これは、普通語と敬語のちがいとは、すこしことなる。ちかさ、親疎の問題である。したがって家庭内でも、多少距離をおく表現をつかう場合もある。

それにしても、全体的に京都のひとの日常会話は、そうとうにていねいであることは事実である。家庭内でもたいへんていねいないいかたをしている。

前述の「はる」ということと関連するが、たとえば「赤ちゃんがないてはる」という。「赤ちゃんがないてるよ」とは、いわない。ちいさな赤ん坊に対しても、距離をおく。

ごくふつうの、ともだちどうしやきょうだいなどのあいだでつかわれることばは、語尾が「や」になる。共通語の「だ」に相当する。ちいさい子どもはよく「や」ことばでしゃべっている。「そうだ、そうだ」が「そや、そや」になる。

しかし成長するにつれ、家庭内でのことばづかいは、かわってくることがおおい。父親や母親に対して、かなり距離をおくいいかたをしている。「してはる」はもちろんのこと、もっとていねいな表現をする。逆に母親が自分の子どもに対しては、原則的に敬語をつかう。「さっさと、おしやす」「はよ、おたべやす」など。たとえば、外出するとき、共通語では、「いってきます」というが、京ことばでは、「いてさんじます」という。かえってきたら、「いてさんじました」といった。

日本全国の断定表現は、ほぼ三種類にわけられる。「だ」の系統と、「じゃ」の系統と、「や」の系統である。京阪とも「や」でおわる。

そうどっしゃろ

「やす」といういいかたの最後に「や」がつくことがおおい。ゆっくりいうと「しておみやすや」（してごらんなさいよ）だが、ふつうの発音では、「しとおみやっしゃ」となる。「やすや」が促音化して「やっしゃ」となるのである。ほかに促音化の例をいくつかあげると、「そうどすやろ」は「や」の推定形だが、それが促音化され、「そうどっしゃろ」と変化する。「うまいこと、いけまっしゃろ」など。これらは、ごくふつうにつかう表現である。

きつうきつう堪忍どっせ

京都語をしゃべっていて、わたし自身、まったく気がつかず、よそからきたひとにときどきいわれることに、修飾語の畳語《じょうご》的表現がある。形容詞または、副詞のおなじ語を二どつづけていうのである。「おっきい、おっきい犬が」とか、「さむうさむうなった」とよくいう。それがやや戯画化されて、「きつうきつう堪忍どっせ」というのが、まるで京ことばの代表的な表現のようにいわれるが、これは祇園のことばを揶揄《やゆ》したものであろう。正則京都語としては、ちょっと変だ。ゆるしをこうときには、「堪忍しとおくれやす」という。

ともかく、この二回だぶらせるいいかたを京都人は、よくつかっている。大学教授たちも「むつかしむつかしなりおった」などという。

アテ

京都語における男女差はあるにはあるが、共通語、東京語にくらべたら、ずっとすくないとおもう。とくに家庭内では、男女差はほとんどないといってよいだろう。わたしなど、女きょうだいとまったくおなじことばでしゃべっていた。

京都語で一人称をいうとき、家庭内では、「アテ」、家庭外では、「わたし」という。「アテ」は関東語でいう「あたい」と同語源のものであろう。父など死ぬまで「アテ」といっていた。「ボク」などというと、ものすごくいなかくさくきこえた。いなかの書生かなにかのことばのようだった。「オレ」などは、野蛮なことばである。一家の主人がもったいをつけていうときには、「ワシ」をつかった。「アテ」は男女どちらもつかうが、女のひとは「ウチ」ともいう。

二人称の代名詞は、家庭内のしたしいあいだがらでは「アンタ」という。それが敬語になって、家庭外でつかう場合は、「アンタはん」になる。その場合、最初のアにたかいアクセントがくることがおおい。三人称は、原則的には「あのひと」、ていねいないいかたになると「あのおひと」という。

どんぶりこ

わたしの勤務する国立民族学博物館に言語展示がある。そのなかに、全国の方言の地図があり、ボタンをおすと、そこの特定の地方の方言で、「桃太郎」のはじめのところだけをかたってきかせるというのがある。北海道、青森あたりから、九州、沖縄まで各地ののが用意されている。沖縄や青森などは、わたしにはさっぱりわからない。おなじ日本語でもかくもヴァラエティーがあるものかと、おどろくほどである。

その装置の京都の西陣のことばは、わたしが声をふきこんだ。かならずしも、完璧《かんぺき》であるという自信はないが、いちおう標準的な京ことばではなしている。つぎにその全文をかかげる。

桃太郎さんのお話したげようかぁ。むかしむかし、あるところーになぁ、おじいさんとおばあはんがいやはったんやて。ほってな、おじいさんは山へ柴かりにいかはって、おばあはんは川へ洗濯にいかはったんやて。おばあはんが、川で洗濯してはったら、川のなかを、おっきなおっきなモモが、どんぶりこ、どんぶりこと、ういてきたんやて。ほんでんなぁ、おばあはん、えらいよろこんで、そのモモひろて、よっこらしょと、もってかえらはったんやて。うちかえって、おじいさんといっしょにモモたべまひょうおもて、長《なが》たんで、モモきろおもはったんやて。ほったら、モモがひとりでにポーンとわれて、なかからおっきなややさんが、とんで出てきやはったんやて。おじいさんとおばあはんは、えらいよろこんで、モモからうまれたやや子やさかい、桃太郎ちゅう名《なあ》つけて、だいじにだいじにおっきしやはったんやて。

いろいろな地方のことばをきいていると、アクセント、いいまわしのちがいのほかに、語彙《ごい》のちがいがかなりある。

たとえば、京都では、菜切り包丁のことを「長たん」という。ややさん（赤ん坊）は、やはり「出てきやはった」といういいかたになる。さらにおもしろかったのが、モモがながれるときに、京都では「どんぶりこ、どんぶりこ」という。ところが、たまたまそれをきいていたよその女の子が、「おかしなことといっている。これは、どんぶらこよ」といってわらった。京都では、「どんぶりこ」であるが、「どんぶらこ」という地方もあるのだ。わたしは、「どんぶらこ」なんて夢にもおもわなかったが、やはり「どんぶりこ」ではおかしいと感じる子がいるということも事実なのだ。

京都語と大阪弁

京都語は日本における上方《かみがた》方言のひとつであることはまちがいない。おなじ上方方言のなかまとして、大阪弁と京都語に共通点がおおいことも事実である。牧村史陽さんというひとが編纂《へんさん》した『大阪方言辞典』という、たいへんよい辞典があるが（註）、それをみると、われわれ京都人は半分以上理解できる。理解はできるが、かなり語彙のずれがある。京都ではつかうが、大阪ではつかわないことば、その道の単語がたくさんある。大阪ことばは、もともと河内《かわち》のことばがベースになって形成されているので、京都とは文法的にもちがう。

京都語と大阪語で、しばしば混同されるのは、「……はる」といういいかたである。京都では、ふつうの五段活用の動詞の場合、未然形に接続して「よまはる」「かかはる」となる。それに対して大阪語では連用形に接続して「よみはる」「かきはる」という。京都語の「しやはる」「きやはる」は大阪弁では、「しはる」「きはる」となる。そこで、京都語としょっちゅうまちがいがおこる。とくに大阪の雑誌編集者がわれわれ京都の人間のことばを筆記した場合、よくまちがっている。わたしは、なんべんなおしたかわからない。もとの文法がちがうのに、それに気づいていないひとがおおい。

大阪弁の語法のなかで、京都人がきいてたいへん奇妙にきこえるのは、「いてる」ということばである。「犬がいてる」などという。京都語ではこのことばはない。単純に「いる」という。

（註）牧村史陽（編）『大阪方言辞典』一九五五年一二月　杉本書店
この本には増補改訂された文庫版がある。

牧村史陽（編）『大阪ことば事典』（講談社学術文庫）一九八四年一〇月　講談社

船場の丁稚

明治のころ、京都でうまれそだった子どもが、大阪へ丁稚《でっち》奉公にゆくことになった。当時、京都のひとにとっては、大阪はとおくて、ほんとうに異郷だった。ことばはよくわからないだろうし、心配で仕かたなかった。ところが、奉公にいったさきが船場《せんば》であった。そうしたら、そこは、ことばが京都とほとんどおなじで、なんの心配もなく、たいへんうまくいったという。これは当然である。なぜなら船場商人というのは、もともと京都の商人なのだ。かつて秀吉の時代か、あるいはそののちに、京都から船場へ大量にうつった。そのため船場のことばだけは、特別京都のことばにひじょうにちかいままでのこったわけである。

一般に大阪弁といわれるものは、かならずしも船場ことばではないので、京都語とはかなりちがう。テレビやラジオのせいで、大阪弁は全国的に理解されるようになったらしいが、京都語と混同してうけとっているひともすくなくないようだ。

上ル、下ル

現在、京都市内には、一一の区があるが、それは昭和になってから徐々にふえてきたのであって、もともとは、上京《かみぎょう》と下京《しもぎょう》のふたつであった。それをかんたんに、上《かみ》と下《しも》とよんでいた。その上と下の境界線はどこかというと、二条通《どおり》である。二条から北を上といい、南を下といった。わたしはいまでもいうが、よく「ちょっと、下へいってくる」という。四条河原町《しじょうかわらまち》あたりの繁華街に買いものにゆくときに、「下いく」といっていた。上は、だいたい住宅街がおおい。伏見のひとが四条にゆくのは、「京いく」という。京という概念は、いまの上京、下京、つまりむかしの旧市内のことをいう。鴨川をわたって、東側はもう京とはちがう。わたしがいますんでいる北白川《きたしらかわ》あたりの土着のひとは、鴨川をわたって西へゆくことを「京いく」という。

よく、よそのひとからあきれられることに、京都人の道のおしえかたがある。たとえばここから北のほうへゆくことを、「ここをおあがりやして」という。南へゆくことは「おさがりやして」、「東へおはいりやして」「西へおはいりやして」などという。「おあがりやして」などといわれても、なんのことかわからない。はじめてきいたらとまどうのも当然かもしれない。したがって地名表示は、東西南北の通の名を座標軸にして、柳《やなぎ》馬場《のばんば》通蛸薬師《たこやくし》下《さが》ルという。これは柳馬場通と蛸薬師通の交差点から柳馬場通を南へいった地点をしめす。

中立売通浄福寺東入ル《なかだちゆうりじょうふくじひがしい》は、中立売通と浄福寺通の交差点を東にすすんだところをいう。

郵政省あたりが主導して、全国の地名表示を街区制に統一しようとしたが、京都旧市街には、完全な既成の体系が存在したため、まったく歯がたたなかった。

京都の地名は、わかりにくいというひともあるが、いったんシステムを理解しさえすれば、こんな明快な地名表示法はないであろう。

言語島

京都市内でも、旧市内とその周辺部とでは、かなりことばがちがう。これまでわたしがのべてきたのは、旧市内のことばである。比較的ていねいないいかたをするのだが、おなじ京都盆地でも近郊農村はずっとあらい。語彙《ごい》もちがうし、もっとぞんざいないいかたをしている。

そういった意味から旧市内というのは、言語島である。旧京都市内をとりかこむ農村は、むしろ近江《おうみ》や南山城《みなみやましろ》のことばにちかい、いなかことばがはなされている。そのなかで、ポツンと京都市内だけが、独特の言語の発達をみせている。わたしはいま北白川というところにすんでいる。いまでこそ住宅街になっているが、かつては農村であった。いまでも土着の人たちのことばは農村ことばであって、京ことばとはちがう点がある。

それでは上京と下京からなる旧市内のなかでは、おなじ京都語がはなされているかというと、そうではない。せまい旧市内のなかでも、さらに上《かみ》と下《しも》で多少の差がある。われわれがきいたら、これは上のひとか下のひとかすぐにわかる。まして、たとえば伏見区のひとのことばは、もっとちがっている。京都では話をすれば、どのへんの出身かおたがいにすぐにわかってしまう。

京都の公立学校は小学区制というのが徹底していて、小学校、中学校、高校と全部ゆく学校がきまっている。居住地区によるので、選択の余地がない。ところが唯一えらぶことができるのが、高等学校レベルの美術学校である。京都は伝統的に芸術のさかんなところで、高校にも美術学校を併設しているところがある。ここは学区制とちがい、全京都から入学することができる。ところが、場所は旧市内南端にちかいところにある。そこに、当時、上にすんでいたわたしの次男がはいった。上と下では、ことばがかなりちがう。次男のしゃべることばは女のことばだといわれ、軽蔑《けいべつ》されたという。それほど旧市内のなかでも、上と下ではちがいがある。

おいタバコくれ

京ことばについてかんがえるとき、無階層的、市民対等意識という基本原則をぬきにすることはできないだろう。京都では、だれしもが自由なる個人という意識が根底にある。社会的には貧富の差やら、ふるい都ならではの、身分的なややこしいことがいろいろあるにもかかわらず、一歩外へでたらみな対等である。ことばづかいに上下関係はありえない。

わたしは京都大学にいたが、大学にはよそからはいってきたひともかなりたくさんいた。その人たちのことばづかいをきいて、ほんとうにおどろいた経験がしばしばある。たとえば、民主主義者として名声をはせていたある大学の先生が、近所のタバコ屋でタバコをかうのに、「おい、タバコくれ」といった。そういういいかたは、京都では絶対にありえない。「すんまへんけど、タバコおくれやす」となる。「おいタバコくれ」は、京都人の市民原則からは完全にはずれる。わたしらの感覚からすると、信じられない傲《ごう》慢《まん》無礼ないいかたである。

その市民対等意識というのは、むかしから京都ではたいへんはっきりしている。だれに対してでも、ていねいな口調であった。店どうしはもちろん、よその店の丁稚に対してもぞんざいないいかたをしたら、それは丁稚の主家に対する侮辱になるわけである。いまでもこの感覚はのこっているとおもう。

京都では、ことばのぞんざいさというのが、ひじょうにいやがられる。とくに相手から見くだしたいいかたをされたときには、どうしてそんないいかたをされなければならないのかと、ひらきなおってもよいわけである。

身分感覚よりなにより、対等であるという市民意識が、京都のようなふるい都市の根底には、つよくながれている。

ちいさな親切運動というのがあった。なにかにつけて「ありがとう」といおう、という趣旨のものであった。しかし、「ありがとう」というのは、身分的対等者のつかうことばではない。身分のうえのものが、身分のしたのものに対してつかうことばである。だから、「ありがとう」といわれたら、見くだされたとおもうべきであろう。対等なら「ありがとうございます」というべきなのだ。その点、京都語は、市民的対等の原則にたって、すべて「おおきに」である。

京ことばでかたる

わたしは以前、完全なる京ことばによる講演をこころみたことがある（註1）。結果においては、惨憺《さんたん》たる失敗におわったとおもう。京ことばというのは、やはり演説用には発達していないのである。京ことばは要するに市民語なのであろう。市民間の対等な交際用語としては、ひじょうに発達している。京ことばはとくにニュアンスゆたかで、ひとを絶対に傷つけずに、いうことだけはピシッといえるようにできている。ただ大衆をまえにして演説することばとはちがう。

ニュースキャスターが京都語で事件をつたえるのをかんがえてみると、すこしおかしい気がする。「えらいことがおこりましたん」「おもしろおっしゃろ」などというのであろう。

京ことばで、学問的あるいは論理的なことがしゃべれないということはまったくない。京都の大学はすべて京ことばで運営されているとはいえないが、相当数の京都人が参加している。かれらの高度な理論、学問、知識が京都語をベースにしてかたられている。

わたしは、かつてノーベル賞科学者の湯川秀樹先生と対談をしたことがある。「人間にとって科学とはなにか」というテーマであった。これが中公新書の一冊にまとめられた（註2）。湯川先生とわたしは、おたがいに京都人どうしであるので、対談はすべて京都語でおこなわれた。科学基礎論といったたいへんむつかしい話であったが、それをすべて京都語ではなした。本にするにあたって、そのままでは慣れていないひとは読みにくいだろうということで、今日の共通語になおしてある。しかし、もとはすべて京ことばによる対談である。このことは、記録にとどめておく価値があろう。

（註1）本書、つぎの項「京ことば研究会のすすめ」を参照。
（註2）湯川秀樹、梅棹忠夫（著）『人間にとって科学とはなにか』（中公新書）一九六七年五月　中央公論社

うつくしい京ことばおしえます

京都語を京都語たらしめている最大の要素はアクセントであろう。語彙や文法はともかく、アクセントをまちがえると、きくにたえないものになる。声調をでたらめにして、中国語をしゃべるようなもので、意味さえもよくわからない。中国語の四声《しせい》を混乱させて、

発声しているようなものである。

たしかにほかの地域でも、そこの出身でない俳優のセリフをきいて、おかしいということはあるだろう。九州でも東北でも、ことばの許容範囲はわりにある。ところが京都語の場合、その許容範囲がひじょうにせまい。それだけ、厳密にできあがっている。そこからすこしでもはずれると、ほんとうにおかしい。いなかのひとがにわか京都人になったような印象をうけてしまう。

このごろでは祇園の舞妓さんも九州とか、地方出身者がおおくなったという。そういう娘さんたちに、京ことばをたたきこむのに猛訓練をする。京ことばがきちんとはなせなくては、お座敷にだせたものではない。

たとえば京都語のトレーニングをうけたいとおもっても、おしえてくれる場所がない。ただしい京都語をはなしましょうなどという学校は、まずない。わたしは、当然あってもよいとおもう。ちかごろ、新聞や電話帳をみると、なんとかカルチャー教室やらの広告がたくさんのっている。英会話、フランス語からはじまって、尺八、電子オルガン、ジャズダンス、エアロビクスまでじつにいろいろな教室があって、たいへんおもしろいとおもう。しかし、なぜか、うつくしい京ことばおしえますという教室だけはない。

京都を題材にした映画やテレビ番組はけっこうたくさんある。そのなかで演じる俳優さんたちが、きちんとした京ことばのトレーニングをうけて、習得することはのぞましいことであろう。ディレクターたちは、京都語がきわめて厳密なことばであることを、ふかく認識しておく必要がある。

また身ぢかなところでは、それこそ振袖をきた娘さんたちに、いまの共通語よりも格調ある京ことばをしゃべってもらいたいとおもう。

着ものの着かたをおしえるある学院は、日本全国を制覇した。成功のカギは、やはり京都という名を冠したところにあろう。そういう現象もあるわけだから、うつくしい京ことばをはなすことが、わかい女性のあいだの教養ないしは、流行となってもおかしくはないとおもうのだが。

京ことば

まえにものべたように、京都市内でも京ことばのヴァリエーションはいろいろある。また多少の男女差もあり、階層的あるいは職業的なちがいもある。いったい、純粋な京ことばとはなんぞや、ということが問題になる。一般にはよく祇園のことばが純粋の京ことばとおもわれているが、はたしてそうであろうか。完成されたひとつのタイプではあるが、これだけが純粋なる京ことばとはいいがたい。わたしは西陣のそだちであるが、西陣と中《なか》京《ぎょう》の市民のことばも京ことばの典型であろう。

ことばというのは時代とともに、どんどん変遷してゆく。日本語全体にもいえることで、なにが純粋かなどを議論したところで仕かたないだろう。いまはどこのことばもテレビやラジオの普及で、共通語の影響をひじょうにたくさんうけている。もちろん、アクセントその他基本的なところはのこっているが、これまでのべてきた微妙ないいまわしや、特徴などは、しだいに脱落しつつある。

京ことばにも変遷があったということのひとつの事例として、「しおし」といういいかたがある。しばしばこれを、京ことばの代表のようにかんがえているひとがあるが、わたしの子ども時代にはなかったいいかたである。どうやら近郊のいなかことばが市中に侵入してきたものらしいが、いまでは完全に京ことばとして、とくにわかい女性のあいだで定着している。「学校いきおし」（学校へおいきなさい）、「この服きおし」（この服をきなさい）などという。否定形は「学校いかんときおし」（学校へいかないでおきなさい）、「きんときおし」（きないでおきなさい）となる。そういう変化は、ジリジリとおこっている。

はじめにいったように、もし京都独立国ができたら、みなで議論して、純粋かどうかは別として、なにか標準京都語のようなものをきめなければならなくなるだろう。

ともかく、いろいろな京都語があり、そのなかには、いくつかの共通する特徴はあるが、それを全部たばねて京都語というしかないのである。

京都のことばをよく京都弁というひとがある。われわれ京都人にとっては、かなり耳ざわりである。京都人でもなにげなく京都弁というひともあるが、やはりきちんと京ことばといってほしい。ひどい場合には、京都なまりなどというひとがいる。なんたることぞ。どうして京都のことばがなまっているのか。とんでもない話である。京都語こそは、日本語のなかで歴史的にも、もっとも由緒ただしいことばである。そのことは、国語史において、文献的にも証明ずみのはずである。

大阪は大阪弁、東京は東京弁でもよい。しかし、京ことばは京都弁ではない。京ことばは別格なのである。京ことばにとって、大阪弁も東京弁もいなかことばだ。京ことば対いなかことばという対立の図式しか京都人にはないのである。それを多少遠慮して、そこまでは挑発的にはいわないで、京ことばというかわりに、ここではしばしば中立的に京都語という語をもちいたのである。しかし、ほんとうは京ことばでとおしたいところであった。

京ことば研究会のすすめ

解説

一九五四（昭和二九）年の秋、同志社女子大学の国語研究グループから講演の依頼があった。テーマは、「これからの日本語」というものであった。講演は一〇月一三日におこなった。会場は同大学の教室であった。

わたしはこの際、ひとつの実験をおこなってみようとおもった。京ことばで講演をしてみようというのである。そのつもりで草案をつくった。その草案がのこっていたので、ここに収録した。

結果は率直にいって、失敗であったとおもう。ひとつには聴衆について、わたしは誤算をしていたのである。聴衆は、同志社女子大学の学生諸君であったが、その大多数は他郷のひとで、京ことばになれていなかった。だいたい京都の大学は、京都出身者よりも地方出身者が、多数をしめるのが通例である。この場合も、完全に京ことばだけではなすわたしのことばが、よく理解できなかったのではなかったか。とにかく会場の雰囲気は、いまひとつもりあがりに欠けた。もうひとつの失敗の原因は、京ことばは、やはり市民の日常的な交際の道具として発達したもので、講演などに適するように洗練されたものとは、とうてい言いがたい。やってできないことはないけれど、日常会話のような流麗さを欠くことはいいなみがたい。

しかしこの講演によって、京ことばについての興味をかきたてられた人たちがなんにんもでてきて、後日、そのグループがわたしの家までおしかけてきて、議論をするというほどの成果はあった。

だれもおしえてくれない国語学

きょうのお話の演題は、「これからの日本語」ということになっておりますけれど、わたしは、国語学や言語学については、しろうとでして、日本語の将来についてたしかなことをお話する、ちゅうなことは、でけることではございまへん。わたしの専門は、文化人類学という方面でして、世界じゅうの、いろいろな文化について研究するのが仕事でございます。もっとも、文化についての研究をいたしますと、どうしてもことばについて、いろいろとかんがえんわけにはいきまへん。わたしたちの日本の文化についてかんがえるときにも、わたしたちの日常つこうておりますことば、つまり日本語につきまして、かんがえさせられるところがたくさんあります。みなさんも、わたしも、おたがいに日本人であって、日本語をつこうてくらしております。日本語はわれわれのもんどす。国語学者や言語学者のもんやあらしまへん。あんたはんらも、わたしも、おたがいに良識ある国民として、日本語の問題について、かんがえ、発言してゆきたいと、こうおもうております。

あんたはんら、大学で国語をなろてはりますやろ。国語という課目はありますやろ。その課目で、どんなこと、なろてはります。たいてい古典どっしゃろ。国語の時間に、国語学やなしに、じっさいは国文学をなろてはる。だいたい、国語学をちゃんとおせられるひとは、日本じゅうさがしても、そないたんといやはらへんそうどすな。これは、ほんものの国語学者がいうてはることやさかい、まちがいおへん。

なんとのう国語学より国文学のほうが上等みたいにおもてはるおひとがいやはるみたいどすな。おんなしことで、英語学より英文学のほうが高級にきこえる。フランス語学よりフランス文学のほうが上等やとおもてはる。そんなふうやさかい、英語はたいしてよめへんけれど、英文学のことはえらいようしってはるというひとができてきます。フランス語はしゃべれへんけれど、フランス文学はたいしたもんや、というおかたもいやはります。外国文学を専攻したゆうても、岩波文庫の赤帯を勉強したということどすかいな。そういう学生はんが、たんとでてくる。そこで、おんなしように、日本語はじょうずにしゃべれへんのに、日本文学は大家や、てなひともでてきます。

日本人のくせに日本語がろくにでけへんてなことがあるもんか、とおもわはるかもしれまへんが、そんならききますけど、みなさん、「新かな」自信ありますか。「旧かな」でもよろし。自信ありますか。「新かな」でも「旧かな」でもよろし。どちらかいっぽうで、完全に日本語がかけたら、それはそれでよろし。そういうこともでけへんとは、まったくなさけないことやおまへんか。イギリス人が英語のスペルをまちがいのうつづれへんみたいなもんどす。

もっとも、これが完全にでけへんでも、あんまり心配したことはないかもしれまへん。現代の小説家でも、「旧かな」「新かな」どちらかいっぽうで、きちんとまちがいのうかけるひとは、めずらしいのやそうどす。大学の先生かて、おおかた落第どっしゃろ。大学教授以下、いっぺん全部、国語の勉強やりなおしせないけまへんな。こんなむちゃな国は、世界じゅうさがしても、ありまへんで。最高学府の先生も学生も、その国の国語がちゃんとつかえんというようなことは、どもならん話ですわ。

「ものいう術」の先生

かけへんだけならまだしも、しゃべれへんということになると、それこそどないにもなりまへん。じっさい、ちゃんとした日本語、みんなしゃべれまへんのやがな。しゃべれへんなんだら、みなだまっててんならん。いや、日本では、みなほんまにだまってましたんやな。なるだけモノいわんのがええということになってました。ほんでにみな、本気になって、自分らのつかう国語のこと、かんがえてみようとせんようになってしまいました。

国語の時間に国語をおせてはらへん。そしたら、自分らが毎日つこてる国語は、いったいどこでならいますのや。そんなん、ならわんかて、わかってるがな、とおもわはったら、そらまちがいどっせ。わたしらのつこてる国語は、でたらめのもので、ほんまに不正確、不明瞭《ふめいりょう》、不十分、不完全なものやとおもいます。そんなら、ちゃんとした日本語、どこへならいにいったらよろし。

かくほうはまあちっとあずかりにして、しゃべるほうはどうどっしゃろ。しゃべりかたなんて、だぁれもおせてくれまへん。もう野ばなしどすわ。どこいってしまうか、わからへん。

フランスはことばのしつけがやかましいとこときいてます。国民全体がはなしことばをだいじにします。小学校の一年から、ディクシオンという課目がある。つまり、もののいいかたということどす。

フランスで、「ものいう術」の先生はだれやというと、演劇の俳優やそうどす。俳優の学校で、きれいなフランス語をみっちり仕こまれる。そこの出身者で、俳優にならなんだひとや、俳優をやめはったひとが「ものいう術」の先生になる。学校でおせるだけとちごうて、町に塾みたいなものをひらいて、「もののいいかた」をおせてるのやそうどす。どんなひとがならいにゆくかというと、おおかたはわかい娘はんで、フランス語をじょうずにしゃべるということが、フランス人の花嫁道具になっている。あんたはんやらも、お茶やお花、お琴に舞いなどならてはるのやろ。それとおんなしに、フランスでは、フランス語をならいにいってはるわけどす。日本でも、結婚するまでに身につけたい素養として、男も女もちゃんとした日本語をしゃべれるように、どこかにならいにゆくというふうになったら、よほどすべてがようなるのとちがいまっしゃろか。

しかし、むかしは、なにもわざわざならいにいかんかて、こういうことばのしつけは、家庭できちんとでけていました。つまり、おとうさんやおかあさんが、えらいやかましゅういわはって、しょっちゅう、子どものことばづかいをなおさはりました。京都ではそれが、とくにきびしかったようどす。わたしらも、ずいぶんやかましゅういわれました。

訓練のたまもの

話はかわりますが、世界で、もっともうつくしいことばを三つあげるとすると、どこやとおもわはります。それは、ひとつは、トゥール地方のフランス語、もひとつは、北京官話、それから三つ目は、京都の日本語やといわれております。さきほど、フランス語がうつくしいのは、訓練のせいやともうしましたが、京ことばも、やはり訓練のたまものやとおもいます。発声法からはじまって、どういうときには、どういうもののいいかたをするのか、挨拶《あいさつ》から応対までを、いちいちやかましくいわれたもんどした。とくに中京《なかぎょう》・西陣はきびしゅうて、よそからきたひとは、これでまず往生しやはります。口をひらけば、いっぺんに、いなかもんやとバレてしまうわけどっさかい。

そもそも、京ことばは発音がむつかしゅうて、ちょっとぐらいまねしても、よっぽどしっかりした訓練をうけへなんだら、でけしまへん。完全な、京都の人間になろおもたら、三代かかるといわれております。

そのながい伝統に、つちかわれてきた京ことばが、近年になってくずれてきました。その原因はいろいろありますが、いちばんあかんのは、おかあさんがたどす。おかあさんがたが、教育に対する自信をうしのうてしもうて、自分らのもっているものは、すべてふるい、すべてまちがいであったとおもてしもた。ことばについても、なにも、子どもにしつけをせんようになってしもた。子どもは、家庭より学校のほうを、よけい信用するようになってしもた。そんなら、ことばのしつけを、学校がやってくれるかというと、学校ではなんにもやってくれへん。けっきょく、だぁれも子どもにことばを、きちんとおせへんようになってしもた。まったくの野ばなし状態で、このままではもうあきまへん。もっと、もっと、自分らのもっていることばを、だいじにせなあかんとおもいます。

フランスでは、俳優さん、つまり演劇人がことばの指導をするというお話をしましたが、演劇とゆうても、この場合は、国立劇場のクラシックなものを演じる人たちで、日本ならさしずめ、歌舞伎《かぶき》の役者にあたります。ところが、日本の歌舞伎のことばは古典日本語で、二〇〇年もまえのことばやさかいに、いまそんなんならうてつこても、けったいなもんどっしゃろな。歌舞伎では、ことばの参考にはならしまへんが、京都を舞台にした映画では、わりにじょうずな京ことばをきくことができます。わたしが最近みた映画でよかったのは、まず『噂の女』という映画で（註）、そのなかで、おかあさん役を演じた田中絹代はんは、とってもうまいもんどした。きちんとした京ことばを、しゃべってはりました。娘役の久《く》我美子《がよしこ》はんは、まだいまひとつ、トレーニングがたらんようどした。

（註）『噂の女』溝口健二（監督）依田義賢、成沢昌茂（脚本）宮川一夫（撮影）田中絹代（主演）大映京都　一九五四年六月公開

うつくしい京ことばの研究会

さて、わたしはいま、こういうことをかんがえております。いまのように、家庭でもことばのしつけをせえへんし、学校でも京ことばなんて、おせてくれへんようになってます。このままでは、せっかく世界で、三つのうつくしいことばのひとつ、といわれた京ことばも、むちゃくちゃになってしまいます。そこでやっぱり、わたしは京ことばの学校か、せめて講習会くらいでもひらいて、訓練せなあかんとおもいます。そやけど、いきなり学校こしらえる、というところまではいかしまへんやろさかいに、まず、どういうものが標準的で、うつくしい京ことばであるか、その研究をせなあきまへん。そこでひとつ、みなさんがたの学校で、これをやってもらいたいのです。大学には、いろいろな部やらクラブがありますやろから、そのひとつとして、「京ことば研究会」とでもいうものをつくって、そこでまず研究をしてもらいたいとおもいます。

きょう、ここにいらしているみなさんは、だいたいは京都市内か、ちごても、京都のちかくから通学してはるのどっしゃろ。ほなら、京都にいて、京都の娘はんが、京ことばをじょうずにしゃべれへんなんだら、どないしますのや。えたいのしれん、植民地ことばみたいなのん、じょうずになってもあかしまへん。もっと自分らの、京ことばをじょうずにはなせるよう、インテリの娘はんらがまず率先してやるべきことやとおもいます。

まぁ、みなさん、基本的には京ことばをしゃべってはるのどすが、そのなかにも、かなり問題をふくむ点がいくつもあります。

たとえば、いわゆる標準語で「……せよ」という場合、京ことばでは「……おし」、ていねいにいうと「……おしやす」となり、その否定形は「せんとおき」、ていねいにいうと「せんとおきやす」といいます。ところが最近、「しおし」「きおし」「かきおし」というういいかたが、しきりにつかわれるようになってきています。その否定形は、「せんときおし」「きんときおし」「かかんときおし」というようになります。これは、比較的あたらしい語法ですが、こういうものも、ただしい京ことばとして承認するかどうか、いろいろ研究してもらいたいもんどす。

もひとつ、最近の京都でも、よくきかれる語法から例をだしますと、否定の「ない」のつかいかたどす。たとえば、「あんたの足もとに一〇〇円、おちてないか」というように、ここで「へん」をやめて、「ない」でおきかえようというういいかたどす。

いわゆる標準語で、「いう　いわない　いっている　いっていない」というところを、京ことばでは、もともとは「ゆう　ゆわへん　ゆうてる　ゆうてへん」となります。ところが最近の京都語では、「ゆう　ゆうてない　ゆうてる　ゆうてない」というように、否定の「へん」を機械的に、「ない」におきかえるいいかたがおこなわれだしています。いまのわかいひとは、「へん」といういいかたを、さけようとしてはるのとちがいますか。「へん」を機械的に「ない」におきかえるという語法が具合がわるいのは、つぎのようなことがあるさかいどす。もともと、いわゆる標準語では「ある」に対して、否定形は「ない」どすが、京ことばでは「ある」に対する否定形は、もともとは「あらへん」となるわけどす。そこで、こんどは動詞に「ある」がつづくのやったら、どうなりますやろ。標準語で「かく　かかない　かいてある　かいてない」、これが京ことばでは「かく　かかへん　かいたある　かいたらへん」で、それが新語法では「かく　かかない　かいてある　かいてない」となります。

このように、これまで標準語と京ことばと、どちらもちゃんと区別がついていたのに、妙な混合語をこしらえるもんやさかいに、区別ないようになってしまいましたんや。そういうところも、えらい問題があり、みなさんによく研究してほしいことのひとつどす。

共通語ができるまで

こういうことになってくると、いちばんの問題点は、標準語との衝突ということどっしゃろな。あんたはんらだれでも、うつくしくただしい日本語というのは、標準語のことで、いっぽう京ことばは方言で、ただしい日本語とはちがうのやないか、とおもうてはるかもしれまへん。しかし、それはおもいちがいどっせ。

標準語については、世のなかに、たいへんたくさん誤解があります。だいいち、日本語に標準語が制定されたという事実はありまへんのや。戦前に東京弁を基礎に、あわててきめかけたものを、標準語やとおもてはるひともおおいのどすが、きちんと検討してきめられたもんとはちがうのどす。

標準語というものは、近代国家としては、当然必要なものどっしゃろが、日本ではまだきまっていまへんのや。それでいまごろになって、文部省の国語審議会で、標準語部会というのができて、そこで、なにを標準語にしようかということを、いま相談してはるとこどす。全国に通用することばをしらべて、その基礎のうえに、標準語をうちたてようというわけで、戦前の天くだり式にくらべると、よっぽどましなやりかたになってきたようどす。結論をだすには、まだ何年もかかりまっしゃろが、よっぽど慎重にやらんと、えらいことになります。そこでいまは、標準語というかわりに、とりあえず共通語ということばをもってきております。

ほんとの標準語ができあがるまでは、まだとうぶん時間がかかるとして、いわゆる標準語というのには、お気をおつけやしたほうがよろしおす。みなさん、なにか東京弁ふうにものをいうと、標準語やとおもてしまうのんと、ちがいますか。

しかし、標準語にきちんとした規準もなければ、それをおせる学校もあらしまへん。みな自分かってに、けったいな日本語をしゃべってはる。土地と、その土地のうえに展開した文化に、しっかり根をはやしたことばとちがいますのや。

京ことばのほうも、たしかに、まだきちんとした文典や、「はなしかたの学校」のようなものはでけてまへん。あんたはんら、同志社女子大学京ことば研究会が、まずいちばんに発会式をあげて、こういう研究の口火をきってほしいとおもいます。

とにかく、自分で自分の文化をすててしもうてはいけまへん。将来、日本の共通語、あるいは、ほんとの標準語が確立するときには、京ことば、あるいはひろく関西のことばは、そうとうおおきなコントリビュウションをするにちがいありまへん。また、当然そうあるべきなんで、まだありもせん標準語なんかというものに攪乱《かくらん》されてしまうというようなことは、けっしてええことではないとおもいます。

ながながと、えらいけったいなお話をしてしまいましたが、これを機会に、わたしたちの日常の生きたことばの研究会が、この学校にもうまれることをいのりまして、きょうのお話をおわりたいとおもいます。

こんせるゔぁとわーる・きょうと

解説

『きょうと』という雑誌があった。いまでいうところの、タウン誌のごときものである。それに執筆したのが、この文章である（註）。

（註）梅棹忠夫（著）「こんせるゔぁとわーる・きょうと」『きょうと』第三号　四五―四七ページ　一九五六年五月　『きょうと』編集同人

シャンソンの高英男《こう》さんの話では、パリで日本のことをきかれたら、京都のことにきまっているそうだ。東京租界なんか問題ではない。パリのひとは、京都において、まるで異質な文化を代表するひとつのライバルをみているのかもしれない。われわれのほうにも、パリをみるのに、いくらかそういう気もちがある。

世界でいちばんうつくしい町はパリです、というひとがある。そして、二ばん目は京都ですと。パリについで世界で二ばん目にうつくしいと称する町は、世界じゅうにあちこちにあるのだから、これはべつにほめたことにはならない。アジア文化の代表者、京都としては、むしろ不名誉に属する。たしかにちかごろの京都は、でたらめに広告塔やなにかをおしたてて、ずいぶん品格をおとした。それでも、こういういわれかたをするとは、京都もおちぶれたものだ。だいたい、パリという町が、これも高さんのお話だが、けっしていわゆるうつくしい町ではないという。

町のうつくしさではパリにまけておこう。ことばのうつくしさではどうだろう。こういう説をきいた。世界でいちばんうつくしいことば、それは三つある。ひとつは、フランスのトゥール地方のフランス語。それからペキンの中国語。もうひとつは京都の日本語。この場合はパリは失格している。フランス語のパリ方言には、わたしたちがうがいのときにしかださないような、ものすごい発音があったりする。

パリと京都とをくらべて、よろこんだりするつもりはない。ただ、妙なフランス語ふうの題をかかげたりしたので、いきおいこういうことになってしまった。この題の、コンセルヴァトワールというのは、ことばの点では世界一流から失格したパリで、そのことばをうつくしくするための、いわば学校のようなものである。パリの国立の音楽および演劇学校のことをこうよんでいる。

フランス文学の内藤濯《あろう》さんのお話では、コンセルヴァトワールには演劇科と音楽科とがある。演劇科の出身者は、国立劇場の俳優になるか、あるいは「はなしかた」の先生になる。パリでは、小学校から「ものいう術」の時間があり、町にも「ものいう術」の教習所がある。娘さんは、嫁いりまえに、お茶やお花をならいにゆくように、うつくしいフランス語のはなしかたをならいにゆく。外国人ではない。フランスの娘さんがである。そして、コンセルヴァトワールは、そういうフランス人のためにうつくしいフランス語をおしえる先生を、養成する機関なのである。フランスでは、それだけ「ものいう術」をおもんじている、というわけだ。

ところで、世界一流のはずの京ことばはどうか。むかしはたしかにうつくしかった。いまは少々管理が放漫にながれて、心もとない状態である。いっこうにだれも「ものいう術」をおしえてくれなくなった。いま、学校で先生がおしえるのは、たどたどしいマス・コミことばであって、義理にもうつくしいなどといえたしろものではない。

京都の学校で、京ことばをおしえないのだから、話にならない。以前はことばは家庭でみがかれた。ふるい世代があたらしい世代の教師になった。ほかはしらず、京の家いえでは、発声法、アクセントからウィットのきかせかたにいたるまで、ことばの訓練はかなりきびしかった。なにが美であり洗練であるかについて、母親には、あざやかな自覚と意識があったのだ。

いまは母親たちの自覚はゆらいでいる。画一教育が浸透して、えたいのしれない一種未完成のことばが、標準語の美名のもとにはびこりはじめた。母親たちが、そとに耳をかたむけたとき、きこえてくることばはすべて彼女のものとはちがっている。彼女は、自分はふるくなったのだとおもう。そして、子どもたちのことばのしつけを、まるきり外界にゆだねてしまう。これでは、世界でいちばんの京ことばのうつくしさも、どうなってしまうかしれたものではない。

わたしは、京ことばにあたらしい生命をふきこむために、いまのうちに対策を講じておかなければならないとおもう。それは、すこしおおげさないいかたをすれば、人類の文化に対する現代京都市民の責任である。そのためには、やはり京都でもパリの例にならって、コンセルヴァトワールの設立をかんがえてはどうだろうか。家庭がたよりにならないなら、そとにたよりになるものをつくるほかはない。

「こんせるゔぁとわーる・きょうと」では、なにもふるい京ことばを復元し保存しようというのではない。その活動は、むしろ現在あるいは未来の京ことばにかかわる。それはまず、京ことばのヴァリエーションを調査し整理したうえで、もっとも標準的かつ現代の文化生活に適するものを市民に提示しよう。そして市民の日常の言語生活とたがいに影響をおよぼしあいながら、伝統的でしかも近代的な京都語を発展させることができるだろう。そこではもちろん、ほんとにきれいな京ことばをはなせる人たちを養成する。卒業生はやはり学校の先生になったり、町で「はなしかたおしえます」の看板をあげたりする。やがて、街頭で、喫茶店で、バスのなかで、いたるところに世界最高のおしゃべり文化が展開する。なんともたのしい空想である。

一文《いちもん》にもならない仕事だといわれるならば、まちがいだ。現に、すでに京ことばに対するかなりの需要がある。映画やラジオである。京を舞台にした劇で、臆面《おくめん》もなくいいなかアクセントで京ことばをしゃべるのだけは、遠慮してもらわなければならない。じつは、そういう切実な要求をもった世界からこそ、京ことばの研究と訓練の組織だった機関が、あらわれてくるべきだった。そういうものが発展して、市民のコンセルヴァトワールになるというのが、自然の順序であろう。パリのそれだって、ちゃんと、俳優養成とはなしかた指導のふたみちをかけている。

追　記

現代のテレビあるいはラジオで、京都の市民生活を題材にしたものは、すくなくない。そのなかでかたられる京ことばは、以前はそうとうひどいものであった。最近は、俳優のトレーニングがゆきとどきはじめたのか、よほどましになったようだ。しかしなお、きくにたえないいなかアクセントの俳優もいる。

一九八六年一〇月からはじまったNHKの朝の連続ドラマ『都の風』(重森孝子作)の出演者たちの京ことばは、まず及第である。かなり指導ないしは訓練のあとがみられる。俳優の出身地をしらべると、京都の出身ではないが、おおむね関西圏の出身のようだ。先日の『朝日新聞』の「声」欄に、豊中市在住の五九歳の主婦から投書があったので引用する。

こんどの朝のNHKドラマ『都の風』は、どの人も上手に関西弁をつかっているのでうれしくなり、安心して見ています。とくにご主人役になる俳優さんが関西物のドラマに出られると本当に上手にしゃべられるので、ドラマが一だんとよくなります。おしえられる人もむつかしいでしょうが、ただしいアクセントの関西弁をおしえてあげてほしいものです。そしていつまでもよい関西弁をつたえていきたいものです（註）（後略）。

同感のひともおおいこととおもう。『都の風』の場合、京ことばの指導にあたっておられるのは、朝永桐世さんという女性だ。出演者は、ただしい京ことばのセリフを朝永さんにテープにふきこんでもらい、それをくりかえしきいて、練習しているのだという。

朝永さんは女優で、京都の劇団「くるみ座」に所属していた。「くるみ座」というのは、毛利菊枝女史の主宰する劇団で、戦後京都を中心に活動してきた。「こんせるゔぁとわーる」は成立していないが、はなしかたの指導はやはり劇団のひとによっておこなわれているのであった。

（註）寺本精子（著）「よい関西弁伝えていこう」『朝日新聞』一九八六年一〇月二三日

V　京都点描

映画祭と羅城門

解説

ＮＨＫ京都放送局のローカルで、「金曜時評」というラジオ番組があった。わたしもなんどかその時間を担当した。ここに載録したのは、そのひとつである。放送日時の記録はうしなわれて、一九五七（昭和三二）年という以上のことは不明である。放送原稿がのこっていたので、ここに収録した。

先日から東京で、第四回アジア映画祭というのがひらかれていました。アジア各国の映画関係者があつまるのですが、四年まえの第一回のときは五〇人だったのが、ことしは一五〇人があつまったそうです。フィリピン、ホンコン、インドネシアあたりからは、女優さんもきていたようです。

映画祭というのは、文字どおり映画のお祭ですが、べつに映画の神さまをまつるわけではありません。各国の映画界がそれぞれ自信のある作品をもちよって、つぎつぎ上映する。そこで審査員の投票によって、一等、二等をきめる。要するに、国際的な映画の品評会です。あるいはまた、この映画祭を機会に、映画の国際的な取引がさかんにおこなわれるので、その点では、映画祭というのはいわば映画の国際見本市であるといってもよろしいかとおもいます。

ヨーロッパでは、有名な映画祭が三つあります。イタリアのヴェネツィア国際映画祭、フランスのカンヌ国際映画祭、それからドイツのベルリン映画祭です。こういう映画祭で入賞すると、世界的にたいへん有名になります。日本の作品では、一九五一年にヴェネツィアの映画祭で『羅生門《らしょうもん》』がグラン・プリ、すなわち大賞を獲得して、一躍有名になったのは、ご承知のとおりです。その後、いくつもの作品が国際映画祭で入賞しましたので、いまでは日本映画の国際的地位はたいへんたかくなっています。

こんどの東京のアジア映画祭がひらかれるすこしまえ、この五月の中旬には、いまもうしましたヨーロッパの大映画祭のひとつ、カンヌの映画祭がひらかれまして、日本からの出品作品では、『白い山脈』というのが、長編記録映画賞というのを獲得しております。

☆

そのカンヌの映画祭に日本代表団の団長として出席された東映の山崎真一郎氏が、帰国してからの談話で、ひとつ、あたらしい映画祭を京都で開催するということになるとたいへんよいのではないか、という意味のことをいっておられるのを新聞でみました。まことにおもしろいかんがえだとおもいます。

じつは、市長もすでにおなじかんがえをもっておられるときいています。また、東和映画の川喜多《かわきた》長政氏が、去年、やはりカンヌの映画祭出席のために出発されるまえに、おなじこと、つまり京都で世界的な映画祭をひらきたいということをいっておられたように記憶しています。

現在は、日本ではじめにお話しましたアジア映画祭というのが東京でひらかれているだけですから、京都で全世界を相手の映画祭を定期的にひらこうというかんがえはわるくないとおもいます。京都市民としても、じゅうぶん考慮してみる値うちがあるのではないでしょうか。

☆

だいたい、映画祭というのは、さきほどもうしましたとおり、映画の品評会であり、また見本市なのですが、その映画祭のそもそもの発想の根源には、どこの都市も、世界じゅうから観光客をあつめたいということがあったようです。たとえば、ヴェネツィアでも、カンヌでも、映画祭の資金の出所をたずねると、ひとつは政府、ひとつは映画関係ですが、もうひとつはその都市の観光関係が資金源になっているそうです。国際的な映画祭をひらくには、もちろんずいぶんお金がかかるはずですが、その機会にやってくる観光客のおとすお金で、けっこうもとがとれるようです。

京都は、いうまでもなく日本最大の観光地です。京都を観光都市と規定することには、わたしは賛成ではありませんが、世界各地から多数の観光客をむかえていることは事実です。京都の名は世界にとどろいておりますし、外国人は日本にくると、どこよりもまず京都を見物したいといいます。このあいだやってきたソ連の文化使節のイリヤ・エレンブルグさんも、京都がたいそう気にいったようです。

ここで国際的な映画祭をひらけば、たいへん人気がでることはまちがいないでしょう。それに、京都は日本における映画の発祥の地です。一時は「日本のハリウッド」とまでいわれたほど映画産業のさかんな都市ですから、もともと映画との因縁はあさからぬものがあります。京都国際映画祭がひらかれたとしても、ふしぎではありません。

☆

京都は、毎年おびただしい観光客をむかえます。全国の、中学校や高校の修学旅行の目的地としても、第一位はやはり京都でしょう。京都は、日本文化のエッセンスのようなところで、日本人の心のふるさとというふうにみられているようです。

日本人は、京都がどんなところか、きたことのないひとでもだいたいは承知しています。新聞や雑誌にも京都の記事や写真はくりかえしでますから、いつのまにかあるイメージができているようです。京都市は文化観光都市宣言をして、観光にはたいへん力をいれておりますが、こういうふうにすでに名声が確立しておりますから、すくなくとも国内むけには、あまり宣伝の必要はないようにおもわれます。

しかしながら、外国むけとなるとまったく事情がちがいます。京都の名は世界的に有名ですけれど、その内容については、かならずしもよくしられているわけではありません。外国人むけには、いっそうの宣伝をしないと、その魅力がじゅうぶんにでてきません。観光宣伝には、やはり映画がいちばん効果がおおきいかとおもわれます。京都市は、外国むけの観光宣伝映画の製作と普及に、じゅうぶんの努力をはらうべきでしょう。さきほど京都国際映画祭のことをもうしましたが、映画祭をかんがえるよりも、映画づくりをかんがえるほうが先決問題かもしれません。

☆

映画といっても、露骨な宣伝映画ではひとをひきつける力はありません。一時、いわゆる観光映画と称する短篇映画がしきりにつくられたことがあります。海岸とか峡谷とか景色のよいところを撮影して、それに芸者の手おどりかなにかをみせるという、なんともつまらないものがすくなくなかったようです。いまでもそれとあまりかわらない程度のものがあります。

観光映画としてたいへん成功したとおもうのは、数年前に上映されたオードリー・ヘプバーン主演の『ローマの休日』であります。けっして露骨にローマの観光宣伝をしているわけではないのに、ローマの魅力がみごとにひきだされていて、まことにスマートな観光映画であったとおもいます。

もし日本でこの種の映画をつくるとすれば、舞台はやはり京都しかないのではないでしょうか。その規模と魅力においてローマに匹敵できるのは、やはり京都です。京都でそういう映画をつくってみたらどうですか。京都は映画どころですから、そうむつかしいことではないでしょう。まさか「京都の休日」というわけにもゆきますまいから、なにかよい題名をかんがえて、京マチ子さんくらいを主演にしてよい映画をとれば、国際的にもおおいにあたるとおもうのですが、どうでしょうか。

☆

ローマも京都も、どちらもふるい都です。そして、どちらも現代に生きている都です。しかし、映画にした場合、ローマと京都とではかなりのちがいがあります。ローマはまさに古代都市です。二〇〇〇年の歴史があり、古代ローマ帝国の巨大な遺跡が市中にたくさんあります。それにくらべると、京都はふるいといっても、せいぜい一〇〇〇年とすこしの歴史しかありません。ローマの半分です。しかも、応仁・文明の乱で市街は戦火をこうむって、おおかたやけてしまいましたから、いまある建築物は、それ以後のあたらしいものがおおいのです。

おおむね桃山時代以後のもので、それもたいてい木造ですから、みななんとなくくすんでいて、ローマみたいな壮麗な廃墟《はいきょ》というようなものがありません。スペクタクル性がないのです。

京都の名所のうち、いくらかスペクタクル的な性格をもっているのは、たいへん俗っぽいですけれども、やっぱり平安神宮と金閣寺だとおもいます。平安神宮のあの青瓦《あおがわら》と朱柱、それに大鳥居は、やっぱり人気があります。金色《こんじき》まばゆい金閣寺の人気もそれにおとりません。いま、京都の名所をまわってみても、この二ヵ所は断然ひとをあつめています。

☆

おもしろいことには、平安神宮も金閣寺も、このふたつはどちらもむかしからのものではありません。どちらも現代の再建ものです。平安神宮は、一八九五（明治二八）年に平安奠都《てんと》一千百年記念につくられたもので、むかしの大内裏《だいだいり》の大極殿《だいごくでん》と応天門をまねたものです。それも、原型を約半分ほどにちぢめた縮小模型なのです。金閣寺は、よくしられているように、戦後に放火でやけてしまい、いまのは一九五五（昭和三〇）年に再建されたものです。つまり、平安神宮も金閣寺も、どちらも再建されたイミテーション、わるくいえばニセモノなのです。

京都でもっとも観光客をあつめているふたつの名所が、どちらも現代の再建ものだというこの事実は、なかなか暗示にとむものとおもわれます。つまり、観光資源というものは、京都のように歴史的名所旧跡のホンモノを豊富にもっているところでさえ、なおニセモノ――といってわるければ現代の再建ものでまかりとおるのだ、ということです。観光とは、しょせんそういうものかもしれません。

そこで、京都市が観光都市でたとうというのなら、いまのこっている古文化財をほろびないように保存するのもたいせつなことですが、同時に、さらにすすんで、すでにほろびてしまったものを現代に再現させるという努力も必要なのではないでしょうか。観光的価値のあるものなら、それを再建し、復興しなければならないとおもいます。国際的な文化観光都市といっても、見ばえのするのは平安神宮と金閣寺だけというのでは、いくらなんでも手もちのカードが貧弱すぎます。

☆

それなら、なにを復興するか。どういうものを再建すればよいのかというと、まず第一に再建すべきものは、それはもうきまりきっているとおもいます。羅城門《らじょうもん》です。羅城門を再建しましょう。

羅城門は芥川竜之介の小説も、映画の題名も、「羅生門《らしょうもん》」とかいていますし、そのほうが一般に通用しているようですから、それにしたがってもよろしい。外国人は、これをラッショモンと発音するひとがおおいようです。その外国人たちが、あこがれの京都にきて、「有名なラッショモンはどこにありますか」とたずねたとき、「ああ、羅城門ですか。それはもう一〇〇〇年ほどまえになくなりました」というのでは、だいいち、かっこうがつきません。日本国内からの観光客だって、羅城門があとかたもないというのでは、がっかりでしょう。

☆

羅城門を再建するとしたら、場所はどこがよろしいでしょうか。場所はべつに、ほんとうの羅城門があったところでなくてもよろしい。平安神宮だって、もとの大極殿の位置、いまの千本丸太町《せんぼんまるたまち》付近からは、はるかにとおいところにたっています。羅城門があったのは、東寺《とうじ》の西のほうで、いまは羅城門遺址《いし》の石柱がたっているばかりで、なにもありません。あそこでは不便ですから、わたしは、おもいきってもうすこし南、国道一号線でもよいし、京都駅の北、烏丸《からすま》通でもよいとおもっています。

そして、規模をうんとおおきくして、もとのものの三倍から五倍ぐらいでもよいでしょう。そして、門をくぐって車が自由に往来できるようにします。色彩も派手にして、王朝時代のけんらんたるところを再現します。

京都駅で下車してそとへでると、目のまえ、まっ正面に、朱ぬり青瓦のうつくしい羅城門が、平安京さながらに、堂々とたっている。これはもう、国内的にも国際的にも断然アピールすることうたがいなしとおもうのですが、いかがでしょうか。

京都で国際映画祭をひらくというのでしたら、その実現のまえに、この羅城門の再建ということだけは、ぜひ実現しておくのがよろしかろうと、わたしはかんがえております。

羅城門の再建のためには、もちろんかなりの費用が必要でしょう。再建の資金についてては、こうかんがえています。日本の映画が外国の映画祭に入賞して、その結果、日本映画が国際的にたいへんたかい評価をえるようになったのは、もとをただせばこの羅城門のおかげでしょう。だから、羅城門の再建については、まず映画関係のかたがたが、その資金づくりに努力されるのが順当であろうとおもうのですが、いかがでしょうか。

追記

その後、羅城門の再建を本気になって検討してみた人たちがいる。大林組プロジェクトチームの人たちである。かれらは資料として古文献、および平安京発掘の成果にたち、さらに現存する古建築を参考にしつつ、創建当時の羅城門の復元想定図を作製した。その成果は、大林組の広報誌『季刊大林』の第二号の特集「門」で報告された(註)。

つぎに再建のために必要な資材を検討したが、総《そう》ヒノキづくりとした場合は、国内では材木が入手困難なため、台湾産のヒノキを使用することにした。その他、緑《りょく》釉瓦《ゆうがわら》、壁、鴟尾《しび》などの細部にわたり、素材製作法を検討した。

その結果、木造による復元の場合、工費約二二億円、そのうち木材の調達費が六割をしめる。もしコンクリートづくりで復元した場合は、約八億円という数字を算出している。

もちろんこのプロジェクトは、もし羅城門を今日復元しようとすれば、こうなるという話であって、いわば建築家の図上演習のようなものである。じっさいに発注者があらわれ、工事に着手されたわけではない。現在も、羅城門は復元されていない。

（註）大林組プロジェクトチーム（著）「羅城門——平安京羅城門復元の試み」『季刊大林』第二号　三—一四ページ　一九七八年一〇月　株式会社大林組広報室

菊池寛 著『無名作家の日記』——書評

解説

NHK京都放送局では、一九五六（昭和三一）年四月から、「文学の京都」という番組をもうけた。近代日本文学のなかから、京都にちなむ作品をえらび、桑原武夫、貝塚茂樹両先生のほか、京都在住の知識人がそれぞれいくつかの作品を分担して、自由に解説した。専門の立場からということではなく、作品をひろく一般の市民にしたしんでもらおうというねらいであった。

わたしも、そのうちの二回を担当した。そのうちのひとつが、菊池寛の『無名作家の日記』で、もうひとつが高山樗牛《ちょぎゅう》の『滝口入道』であった。

放送原稿はのちにまとめられて、一冊の新書判の本として創元社から刊行された。わたしの放送原稿も菊池寛のものは、それに収録された（註）。高山樗牛についての原稿は、京の町をしりもしないでかいた、かれのいなかものぶりを嘲笑《ちょうしょう》した内容のものであったが、その放送原稿はうしなわれて、この本には収録されていない。

（註）梅棹忠夫（著）「菊池寛『無名作家の日記』」 NHK京都放送局（編）『文学への招待』一四一―一四六ページ　一九五八年一二月　創元社

菊池寛の『無名作家の日記』という小説をよみました。日本の小説家ないしは小説家志望者の、もののかんがえかたがうかがわれるような気がして、おもしろくおもいました。

この小説が日本の文壇の歴史、あるいは文学の歴史のうえに、どういう位置をしめるものか、そういういわば文学の専門的なことがらについてはわたしはなにもしりません。ただこの作品が、どういう時期に、どういう事情で発表されたかという点については、この小説の内容とも関係がありますので、ここでも註釈《ちゆうしやく》的なことをもうしあげておいたほうがよいかとおもいます。

この小説は一九一八（大正七）年に『中央公論』に発表されたものだということですが、菊池寛の作品が『中央公論』にのったのは、これが最初のようであります。そのころの『中央公論』ともうしますと、いわゆる文壇のヒノキ舞台で、これに作品がのるということは、その作家の文壇における評価が確立したとかんがえてよかったのだそうです。

当時菊池寛は、新進作家としてはなばなしく文壇に登場しだしたときで、ちょうどいまの石原慎太郎氏が、芥川賞をもらって文壇に打ってでてきたようなものであったかとおもいます。ところが、そういうはなやかな時代の作品ですのに、奇妙なことには、内容は、いつまでたっても世にでられない無名の作家の、いらだちとあせり、劣等感というようなものを主題にしているのであります。それはもちろん、ある時期の作者自身の体験に材料をもとめているのにちがいないとおもいます。

いま芥川賞のことをもうしましたが、この『無名作家の日記』にでてくる話は、ちょうどその芥川竜之介も生きていたころで、彼もまた、やはり新進作家として世にでてきたばかりという時代でした。この小説は『無名作家の日記』という名まえがしめすとおり日記体になっていて、かき手はいつも「俺」という名で出てきます。その「俺」が作家としていっこうにうだつがあがらないでモタモタしているうちに、友人たちがどんどん文壇に名をなしてゆく。それははじめはシットを感じるくらいですが、やがてその気もちが友人たちに対するノロイとなり、最後には自分の無能と不運に対するアキラメにかわってゆくという、いわば三文文士《さんもん》の心のうごきをかいたものなのです。その「俺」という人物からシットをうけ、あるいはノロイをかけられるほうの友人たちのなかで、ひときわ目だった秀才がいて、それがどうも竜之介をモデルにしたようです。つまりこの作品は、寛が友人の竜之介に対していだいていた反感を小説にしたものであろう、というようなことで、この作品の発表当時はたいへんさわがれたようであります。

わたしどもにとって、そんな文壇の裏話みたいなことはどうでもよろしいが、わたしはこの小説をよんで、このなかには、たいへん奇妙な観念がいくつかつつみこまれているようにおもいましたので、それをとりあげてみたいとおもいます。

この小説の舞台は、京都ということになっております。「俺」というこの作家志望の青年は、東京の高等学校をでて、どういうわけか、おなじく作家志望の友だちがみんな東京の大学にはいっているのに、ただひとりはなれて、京都の大学の文科にはいっております。作者の寛自身がじっさいこのとおりであったようです。

わたしが奇怪におもいましたのは、この「俺」という人物が、京都をどうみているかという点であります。

まず、京都はいちおう気にいっているのです。大学のまえをとおっていると、きれいな水が音をたててながれている。その水に白川の山からながれてきたらしいまっかな木の実が、いくつもながれくだってくるのです。そういう東京の町などでは夢にもみられないような景色が、ひじょうに新鮮に感じられて、たいへん京都にひきつけられてしまうのであります。ところが、このひとにとっては、京都はじつはひとつの逃げ場所なのです。このひとはひどい劣等感につきまとわれているので、東京の山野君とか桑田君とかいう秀才たちといっしょにいると、いつも自分ひとりとりのこされて、文壇にでられないという、いまのことばでいえばノイローゼにかかっている。「彼等からたえまなしにうける、不快な圧迫から逃れる丈《だけ》でも、どれ丈、いいことか分らなかった」というわけです。

それでこのひとは、東京にいて毎日劣等感をいやというほど味わわされるのがつらさに、京都に逃げてきたはずなのですが、さらにこんどは、京都にきたということ自体が、このひとの劣等感にいっそうの拍車をかける結果になってしまうのです。

十月一日。何となく落着けない、殊《こと》に夕暮が来るとさうだ。青い絨毯《じゅうたん》を敷き詰めたやうに、拡がつて居る比叡《ひえい》の山腹が、灰色に蒼茫《そうぼう》と暮れ初むる頃《ころ》になると、俺《おれ》は立つても居ても、堪《たま》らないやうな淋《さび》しさに囚《とら》はれる。俺は自分で、孤独を求めて来た。が、その孤独は、直ぐ俺を反噬《はんぜい》し始めた。而《しか》も、俺の孤独の淋しさの裏には、烈しい焦躁の心が、潜んで居る。東京に居る山野や桑田などが、一日々々何んなに成長して居るかと考へると、俺は一刻もヂッとしては居られないと云ふ気がする。

そこへおまけに、東京からは山野君が手紙をよこして、京都にもすこしは文学らしいものがあるかい、などとからかってきて、よけい火に油をそそぐのです。

京都という土地と、劣等感とがむすびついているというのは、ひじょうに興味があるとおもいます。京都の市民は、ふつうはそういう観念をもっておりません。もともと東京と京都をだいたい対等の地位にかんがえて、東京を東日本の文化中心とすれば、京都は西日本の文化中心というふうにかんがえていたわけです。ところが、この小説の「俺」という人物は、どこまでもやはり東京中心主義なので、京都にきたということを、どんなにいろいろ自己弁護してみたところで、けっきょくは、いわゆる「都落ち」だとおもっているわけです。そしてそれにあせりを感じているのです。

この京都と劣等感とのむすびつきには、しかしおもいあたる例があります。あるえらい官僚が、「おれは頭はわるい。その証拠に大学は京都へいった」というのをきいたことがあります。頭がよければ「都落ち」などしないで東京の大学へいっている、ということなのでしょう。なるほど役人で出世するには東京の大学にかぎるというのは、それはむかしからのとおり相場でした。しかし『無名作家の日記』をよんでしったことは、作者もそうだ、ということです。すくなくともここにあらわれているかぎりでは、そうなのです。作家志望の創作欲よりも、むしろ文壇で立身出世をしようという出世欲が、おそろしくつよい。なんとかして有名になりたいという欲望が一貫してながれている。その点では、いわゆる中央の文壇にむすびつきのすくない京都などではだめで、やはり東京でなければ、ということになるわけです。いわば一種のつよいものにつくという、ご都合主義なのです。

　役人と小説家というと、わたしたちはふつう人生に関してそうとうちがったタイプの理想をもっていそうにおもうのですが、どうもこういう点をかんがえると、どちらも似たようなもので、えげつないものです。人生に対するものさしは、おなじもの一本しかない。つまり、出世とか成功ということなのです。

　この小説は、そのへんの心理がなまなましくかいてあるだけに、たいへんよくわかりました。仲間うちでは、文芸至上主義とかなんとかいっているようですが、根本的にはひどいご都合主義なのです。なにか日本文化のもっているひとつの弱点をみせつけられたような気がしました。

比叡山

解説

雑誌『旅』で「歩かず登れる涼風境」という特集がおこなわれた。つまり山のうえまで、乗りものでゆける場所の話である。比叡山《ひえいざん》もドライブウェイができて、山上まで車でゆけるようになったので、その一例として、この項を執筆した（註）。

（註）梅棹忠夫（著）「ドライブウェイ出現で話題よぶ比叡山」『旅』七月号　第三四巻第七号　五五―五七ページ　一九六〇年七月　日本交通公社

天台密教の霊地もかわった

いまは比叡山にもドライブウェイがある。都心から、わずか一時間たらずで、海抜八四八メートルの山頂にたつことができる。山頂ゆきの市営の定期バスさえ、かよっている。こういう事実が、『旅』の編集者の心に、かなりつよい印象をあたえたのではないかとおもわれる。この山について、なにかかけとすすめてこられた語調のなかに、わたしはそれを感じた。「歴史的霊域・比叡山に自動車がのぼる！　おどろくべきことではないか」と。

わたしはそれをきいて、なるほど、とおもった。それまでわたしは、比叡山のふもとにすむひとりの京都市民として、比叡山にドライブウェイがあるのは、なんとなく、きわめて自然なことのようにおもっていたのである。いわれてみると、たしかにこれはおどろくべきことであるかもしれない。そういう感じかたがありうることも、わたしにはたしかに理解できる。

もともと、比叡山は歴史の山である。日本の歴史のなかで、いちばん重要な役わりをはたした山はどこか、と問えば、文句なしに比叡山をあげなければなるまい。日本の仏教は、この山において確立し、展開したのである。日本の政治は、この山をめぐる諸勢力によって、いくたびも、はげしく、あるいは微妙にゆりうごかされてきたのである。こういういきさつがある以上は、この山には、全日本人の、いわば国民的な関心がそそがれているとしてもふしぎではない。

国民的な関心の中心にあるものは、いうまでもなく、山上にたちならぶ寺院群である。そこは、聖地であり、霊域である。亭々とそびゆる老杉《ろうさん》。巨大な寺のいらか。国宝建築物のむれ。八世紀以来の伝統をつたえる天台密教の秘宝。峰みねをまわる行者たち。こういうイメージのなかに突如として、舗装されたドライブウェイがわりこんできて、自動車がつっぱしるということになると、これはたしかにおどろくべきことである。

京都百万市民の行楽地

しかし、わたしのような京都の市民にとっては、すこし事情のちがう点がある。わたしたちにとっては、比叡山はかならずしも歴史の山ではない。それは、子どものときから毎日みてきた山であり、なんどもなんども、くりかえしのぼっては、京の町をながめ、琵琶湖をながめ、四季の山はだの色どりとつやの変化をめでるための山なのである。この山が、京の、ひいては日本の運命とふかいかかわりをもっていたという史実をしらないではないが、そんなことはすべて、むかしむかしのことであって、いまはどうでもよいことではないか。

京都市民の比叡山のイメージのなかでは、お寺はあんまりおおきな部分をしめていないのである。比叡山にはのぼったが、お寺にはゆかなんだ、というひとがすくなからずあるのである。

むかしから、市民はみんな比叡山にのぼったものだ。しかし、そののぼりかたは、おなじ京都近郊の山でも、愛宕山《あたごやま》や鞍馬山《くらまやま》にのぼるのと、かなりちがっていたようだ。愛宕は愛宕神社に、鞍馬は鞍馬寺に、それぞれおまいりするためにのぼったのである。しかし、比叡山は、延暦寺《えんりやくじ》におまいりするためにのぼったのではない。それはただ、のぼるためにのぼったのである。愛宕まいり、鞍馬まいり、ということばはあるが、比叡まいりということばはない。京都市民にとっては、比叡山は、信仰や政治とはあまり関係のない、うつくしい行楽地というにすぎないのである。

こういうイメージのなかにならば、近代的なドライブウェイがとおり、自動車がはしっても、なんのむりもなく、おどろきもないのである。神戸の六甲山《ろっこうさん》、大阪の生駒山《いこまやま》にドライブウェイができたのなら、京都の比叡山にもできるのが当然のなりゆきではないか。

さきの、『旅』の編集者によって代表されるような関心のありかたを、「国民的関心」というならば、ここにいうような関心のありかたは、「市民的関心」とでもいおうか。問題は、比叡山において、このふたつが微妙にくいちがっている、という点である。六甲山や生駒は、その点はほとんど問題はない。比叡山は、一方では「生きている日本歴史」であるとともに、他方では「百万市民の行楽地」でもある。

京都は、ふるい都でありながら、巨大な人口をもつ近代都市である。すぐそばに、比叡山のようなうってつけの行楽地があるのに、それを、単なる歴史的モニュメントとして凍結しておくことは、この大都市の生理がゆるさないのである。

市民的関心のありかたからいえば、比叡山のイメージは、ほのぐらい老杉の木だちにかこまれた、由緒ある堂塔伽藍《がらん》ではない。それはむしろ、さえぎるもののない三六〇度の展望である。わたし自身のおもいでのなかでも、最初にうかんでくるイメージは、四明《しめい》ケ岳《だけ》の頂上の将門岩《まさかどいわ》からのながめであった。京都の市民たちは、天台の寺や坊さんのことはしらなくても、英雄将門の名はみんなしっている。

そもそも、将門伝説が、この山の見はらしのよさとむすびついている。平将門。承平《じょうへい》・天慶《てんぎょう》の乱の主役である。それは、一〇世紀における、律令政府に対する新興武士勢力の最初の反乱であった。かれは、四明ヶ岳の頂上の岩のうえにたつ。眼下には、さえぎるものもなく、律令制日本国家の首都、平安京が展開する。かれは、王城の都市を指さして、かれ自身がちかき将来におけるこの国の王であることを宣言する。

しかし、反乱は失敗し、新皇《しんのう》を称するかれは討たれ、東国におけるその新政府は崩壊する。かれはただ四明ヶ岳の岩に、その名をとどめているだけである。「王城の守護」比叡山頂が、その王城の主たらんとした野心家の名でよばれていることは、ちょっとした歴史の皮肉である。

納涼とスキーの別天地

少年の日の最初のおもいでが、将門岩とむすびついているとしても、わたしがはじめて比叡山にのぼったのがどの道であったか、いまとなっては記憶がない。北白川《きたしらかわ》からのいわゆる白川道《しらかわみち》は、年よりや女にむいたゆるやかなのぼりだが、それでなかったことはたしかだ。おそらく、修学院《しゅがくいん》からまっすぐに急坂をのぼる、いわゆる雲母坂《きららざか》だったろうとおもう。元気な子どもたちは、みんなこの道をあがったものだ。

しかし、ほんとうは、最初の登山はケーブル・カーでいったのかもしれない。それほどはやく、この山にはケーブル・カーができているのである。一九二五（大正一四）年、叡山電鉄が開通した。出町柳《でまちやなぎ》から八瀬《やせ》までは平坦線《へいたん》、そこからうえはケーブルだった。現在の京福《けいふく》電鉄叡山線である。

ケーブルの終点は、海抜七〇〇メートル、頂上まではまだだいぶん距離があったが、それでもその開通は、画期的なものであった。市民たちはどっと比叡山におしかけた。

夏は、比叡山はこのうえない納涼地となった。とにかく、いっきょに七〇〇メートルの高地までひっぱりあげてくれるのである。みんな、気がるに夕がたからゆかたがけで出かけていった。山のうえでは、いろいろな趣向の納涼大会がもよおされた。おばけ屋敷などという施設が、まいとしひらかれた。すずしいうえにもいっそうヒヤリとさせようというのであった。

冬は、ケーブルが市民にあたらしいたのしみをあたえた。スキー場ができたのである。蛇《じゃ》ケ池《いけ》のスキー場は、ごくちいさいものであったが、初心者むきとしてよろこばれた。なによりも、都心から一時間でゆけるのが魅力であった。学生たちは、ウィーク・デーでも、雪がふると授業がおわってからスキーをかついで出かけた。そのうちに、蛇ケ池にはおおきな照明がついて、夜間スキーというのがはじまった。夕がたからいって、一〇時ごろの終発のケーブルでおりてくるのである。京都は、戦前からスキーがひじょうによく普及していたが、それにはこの比叡山スキー場の存在がおおきくものをいっている。どういうわけか、戦後はあまり雪がふらなくなって、スキーのできる日はすくない。

観光にふみきった寺院

市民は比叡山にのぼっても、お寺にはあまりゆかなかった。だいたい、延暦寺というお寺は、庶民にはあまり縁のない寺である。歴史的にいっても、宮廷や貴族とはむすびついていても、市民には関係がない。高野山《こうやさん》のような墓もなく、寺には檀家《だんか》もない。それは、学問道場であり、象牙《ぞうげ》の塔である。寺は、もともと民衆にソッポをむいていたのである。民衆が、京都の市民が、寺にソッポをむいたとしても、ふしぎはない。

高野山あたりが、ケーブルの開通、交通の発達にともなって、お寺のほうも脱皮をとげながら発展したのに対して、比叡山ではなりゆきがちがったようだ。ここでは、寺の存在と、山の近代的・市民的開発とは、たがいに無関係に進行した。あるいは、ときには敵対的でさえあったかもしれない。お寺にとって山上におしよせてくる市民は、聖地へのめいわくな侵入者であったろうし、市民にとっては、山上の寺は、歴史的理由のみにもとづいて、絶好の行楽地を占拠する独占者であったろう。

お寺も、しかし最近はついに「観光」にふみきったといわれる。ことしからは、国宝諸堂巡拝料という見物料をとりはじめた。それにドライブウェイの駐車場を、寺のすぐそばにもうけることさえ許可したのである。ある意味では比叡山ドライブウェイの完成は、比叡山の寺による貴族的・独占的利用に対して、市民による大衆的利用の勝利であった、とみることもできる。

もっとも、市民的関心は寺からはなれていたとしても、国民的関心はやはり寺にあり、歴史にあった。これは、京都一般の性格だが、寺は主としておのぼりさん用である。電鉄会社は、もちろん膨大なおのぼりさんの人口をわすれはしない。琵琶湖から根本中堂《こんぽんちゅうどう》までケーブルがあったし、京都側のケーブルの終点から、お寺のほうにむけて、日本最初の空中ケーブル（ロープウェイ）をつくった。

戦争は、比叡山の市民的遊園地を、大部分荒廃させてしまった。そして、お寺だけがのこった。戦争がおわり、比叡山も生きかえりはじめた。ケーブルも復活し、山上の遊園地も、しだいに整備がすすんだ。

北白川のわたしの家から、比叡山はすぐちかい。戦後、しだいに施設が復活して、むかしのにぎわいをとりもどしてゆくのを、わたしは二階の窓から見まもってきた。数年まえ、南斜面のあちこちに、山はだをけずって赤土がみえはじめた。ドライブウェイの工事がはじまったのであった。やがて、四明ケ岳の頂上に、なにかとほうもない建物がたちはじめたのが望遠鏡でみえた。それは、回転展望台だった。ドライブウェイは一九五八年の春に完成し、回転展望台は翌年の春にできあがった。遊園地ができ、自然科学館ができ、高山植物園ができた。

比叡山の歴史において、あたらしい日がはじまったようである。おどろくべき数の市民が、比叡山に殺到しはじめた。いまや山頂には、まったくあたらしい種類の施設が必要となりはじめた。行楽客のおとすゴミが、日に一トンちかくになる。頂上には、高性能の塵《じん》埃《あい》焼却炉が二基できた。便所も、汲取式《くみとり》ではどうにもならない。海抜八四八メートルの山頂に、地下汲込式《くみこみ》のあたらしい水洗便所がつくられた。

四明ヶ岳の頂上では、巨大な回転展望台がゆっくりとまわっている。将門岩はすぐ横にあるが、あたらしい展望台はそれよりもはるかにたかい。市民たちは、キャラメルをしゃぶりながら、将門がみたよりも、はるかにひろく、うつくしい展望をたのしんでいる。

市民たちは、ふたたび比叡山を心ゆくばかりエンジョイしはじめたようだ。お寺はどうだろうか。お寺は森のなかにかくれている。お寺は、回転展望台からはみえないのである。市民は、展望をじゅうぶんにたのしむと、満足して山をおりる。くだりは、ケーブル・カーだって自動車だって、このみのままである。おりるのがいやなら、山のうえでとまるのもよい。むかしのように宿坊にとまらなくても、モダンなホテルができている。

大遠忌

解説

一九六一（昭和三六）年一月は京都知恩院において、法然上人七百五十年大遠忌《だいおんき》がいとなまれた。さらに四月には東西の本願寺において、親鸞上人の七百年大遠忌がいとなまれた。あわせて数百万人の参拝者が全国からあつまった。それを機会に『毎日グラフ』は、特集「京の大遠忌」をくんだ。それに執筆したのが、この文章である（註）。本書に収録するにあたり、題名は単に「大遠忌」と変更した。

（註）梅棹忠夫（著）「仏教日本は健在」『毎日グラフ』四月二日号　第一四年第一五号　通巻第五七二号　九ページ　一九六一年四月　毎日新聞社

1

京都はいま、大遠忌にわいている。人口一〇〇万の都市に、四〇〇万からのひとがあつまってくるというのである。京都にとって、それは容易ならぬ大事件といわなければなるまい。

しかし、大遠忌は京都だけのローカルな事件ではない。四〇〇万人の人びとの出身地をあらえば、もちろん全日本にわたる。四〇〇万といえば、巨大な規模の民族移動といえるほどの数である。日本全国がうごいているのだ。それは、仏教国日本の、文明の根底に発するところのうごきである。

2

京都は、その仏教国日本の、宗教的首都である。東西の本願寺、知恩院をはじめ、仏教の各宗派の大本山が、ここにひしめいている。京都は、現世における極楽浄土であり、聖なる都市である。数百万の人びとの宗教的エネルギーが、もしどこかにむかって発せられるとすれば、ここに集中するほかない。

しかし、その京都にすんでながめていると、この聖なる都市にも、時代とともにゆるやかな変化はあった。むかしは、宗教教団の威力は、とてもいまのようなことではすまなかったようだ。明治維新のときも、本願寺教団がどううごくかが、革命の成否をにぎるひとつのカギであったという。明治の末ころでも、本願寺の年間予算は、全京都市のそれにほぼひとしいといわれたものだ。いまはどうか。いまは二ケタくらいちがうのではないか。

いまという時代は、世俗的勢力が圧倒的につよい時代である。京都のような聖なる都市においても、俗権の優位は、すでに確立したようにみえる。

3

しかし、そういう世俗優位の現代において、こんどの大遠忌は、京都の市民にとって、率直にいって、かなりのショックであったのではないか。京都の市民自身は、あまりにもおおい宗教的施設に食傷しているし、それを観光施設としてみることはあっても、かならずしも信仰に直結するものとはみていなかった。世俗の優位は、そこまでいっていたのである。

ところが、その京都の宗教施設は、信仰の名において、いまでも京都の市民の四倍の人口を、この都市に動員するだけの実力をもっていた。これはひとつのおどろきでなくてなんであろうか。

たとえば、京都の市電は東本願寺のまえをわざわざさけてとおっているが、お寺に共感をもたない市民のなかには、遠慮せずにまっすぐとおせという声も、くりかえしでてくる。しかし、こんどの大遠忌をみてわかった。本願寺まえのあの大広場がなかったら、これだけのおのぼりさんを、とてもさばききれるものではない。あれは、宗教のもつ巨大な動員力に対する、都市交通の実際的配慮であったのだ。

4

都市交通といえば、こんどの大遠忌で京都の市民がいちばん心配したのは、まさにその問題である。いなかのおじいさん、おばあさんが、何百万人も京都の市中をうろうろしたら、いったいどないなるのや……。交通事故続出、あぶないかぎりだ。

ところが、ふたをあけてみると、いままでのところなんともない。おのぼりさんの列は、お寺の旗の指導のもとに、整然とうごいている。なかには、まい子ならぬまいジイさんもでてくるけれど、全体としては、案じたほどではない。

ここにも時代の変化があった。善男善女《ぜんなんぜんにょ》のおのぼりさんといえば、時代おくれのいなかものだという見かたが、じつはすでに時代おくれなのである。現代の日本においては、そういういなかものはありえない。おのぼりさん自身が、家ではテレビをみて、そとでは自動耕耘機《こううんき》を操縦している。現代の善男善女とは、こういうものである。

そういえば、こんどの大遠忌に上洛《じょうらく》したおのぼりさんたちをみて、わたしはなんとなく、ひさしぶりで故国日本をおとずれたハワイの日系米人たちの観光団をおもいだした。そこには、近代化されたいなかの人たちという点で、ある種の共通点がある。

5

ともあれ、仏教国日本は、厳然として存在するのである。日本の近代化とともに、それはかんたんに消滅するというたちのものではなかったようだ。善男善女も、それ自体として近代化する。大遠忌は、その事実を京都市民におしえた。

むかしから京都には、さわってはいけないものが三つあるという。それは、祇園《ぎおん》と、西陣と、本願寺である。さわれば、あとのたたりがおそろしい。ほかのふたつはしらないけれど、すくなくとも本願寺によって代表される京都の宗教勢力は、こんどの大遠忌によって、その健在を証明したということはできる。

さようなら五代の電車

解説

京都には軌道幅のことなる二種類の市街電車があった。京都駅から北野にいたる北野線は、狭軌の電車であった。この路線が、日本最初の市街電車であった。

一九六一年七月かぎりで、この北野線は市民におしまれつつ、ついに廃止されることになった。惜別のことばが、この文章である。『朝日新聞』に掲載された（註）。

（註）梅棹忠夫（著）「さようなら五代の電車」『朝日新聞』一九六一年七月二九日

日本最初の電車、京都の北野線が、この七月きりで、いよいよ廃止になる。いま子どもたちにみせておけば、おとなになってからおもいだすこともあろうかと、家族づれでのりにいった。

この電車ができたのは、一八九五（明治二八）年である。そのころ、わたしの家には一八三〇（天保元）年うまれの大おばあさんがまだ生きていた。このひとからかぞえると、わたしの子どもは五代目になる。わたしの家は五代にわたってこの電車のごやっかいになってきたことになる。そしてこれが、六六年にわたるわが家と北野線との最後の交渉である。

電車はすっかりガタガタになって、ひどくゆれる。それでも子どもたちは、よろこんで窓にすがりついて、町をながめる。町は、むかしながらに、せまくしずかである。

もともとわたしの家は、徳川時代からずっと西陣にいた。そして、古風な京の町が、急速に変容してゆくのを、何代かの人間の目をとおして見まもってきた。この都市の歴史は、わたしの家の歴史とまぜおりになって、わたしの家に口つたえにつたわっている。日本最初の電車のことも、わたしにとってはまず伝統的な都市生活者としてのわが家の、歴史の一コマとして心にきざみこまれていたのである。

二代目のおばあさんは、孫のわたしに、一九世紀末の京都でおこったこの大変革を、しばしば、かたってきかせた。ひろい市内を、どこまでもテクテクあるいていたものが、だいたい乗りものでちかくまでゆけるようになったのだ。しかも、ありがたいことには、線路はわたしの家のすぐそばをはしっていた。

同時に、近代都市生活の悪もここに芽ばえた。わたしの家は、代々西陣の一角にある正《せい》親《しん》校という小学校にかよった。そして、この「電車」という怪物は、その正親校のそばをとおることとなった。学校へゆくのに、どうしても線路をわたらなければならない。二代目のおばあさんは、子どもがたくさんあって、毎日ぶじに学校へやるのに心をくだいた。

彼女は、日本でもっともふるく、都市の交通地獄を実感したひとのひとりである。「電車に気ィおつけ」というのが、わが家の歴代の母の口ぐせであった。

この電車は、もともとは京都電気鉄道という会社の経営だったのが、のちに市営に吸収された。しかしわたしたちは「市電」と区別して、がんこに「京電」とよびつづけた。ちかごろの新聞では「チンチン電車」などとかかれているが、そんな名は、わたしはしらない。市電のほかの線を利用したほうが便利な場合でも、なるだけ北野線にのるよう心がけた。こういうところが京都の市民の保守性なのだろうか。

京都のような保守的な都市で、どうして日本最初の電車ができたりしたのだろうか。それは、だれでも発する疑問であるが、あるいは、京都の市民を保守的と断定するのがまちがっているのかもしれない。その当時、京都が時代の先端をきっていたのは、電車だけではなかったのである。

すでに京都には、一〇〇〇年の文化と富の蓄積があった。せまいけれど整然たる市街と、にぎやかに充実した都市生活があった。そのにぎやかな市街に、まずかがやきでるのが電灯である。京都は、日本ではじめて電車をはしらせるまえに、疏水《そすい》の水を利用して、蹴上《けあげ》に日本最初の水力発電所をつくったのである。

その豊富な電力が、京都をおおきくかえた。電車はそのあらわれのひとつにすぎない。これは、日本の都市における最初の本格的な産業革命ではなかったか。日本における唯一最大の古代都市京都は、そのとき、その一〇〇〇年の蓄積のいっさいをあげて、いっきょに近代都市にうまれかわったのである。いま、ここにはしっているふるめかしい電車は、単に輸入文明の初期の見本というのではない。もっと根本的な、日本の都市生活の文明史的転換のモニュメントでさえある。

明治が大正になり、昭和とかわっても、電車は過去の栄光をになって、おなじようにはしりつづけた。そしてわたしたち一家は、代はかわってもおなじようにのりつづけた。三代目の父は、これにのって深草の連隊に入隊し、母はこれにのって里がえりをした。いなかからでてきた丁稚《でっち》や女子衆《おなごし》は、京都駅からこれにのって店にやってきた。戦争になると、召集されて、タスキをかけて、これにのって出ていった。そして四代目のわたしは、敗戦後に大陸からひきあげてきたが、北野線は、むかしどおりにはしっていた。わたしは窓から堀川のながれをみて「生きてかえった」という実感をかみしめた。

しかし、もはやすべてはおわった。五代目の子どもたちには、すでになんの感傷もない。かれらは、おとぎ話のようなちいさい電車にのって、ただもう無邪気にはしゃいでいる。

こんど廃止になるのは北野線だけだけれど、いずれは、市電全体が姿をけすことになるだろう。六〇年というとながいようだが、一二〇〇年の京都の都市生活の歴史にくらべたら、そんなものは一瞬にすぎない。市街電車というものは、都市のながい文明史のある段階において、栄光ある役わりをはたして、そしてきえてゆくものなのである。日本最初の市街電車をはしらせた京都市民の勇気と進歩性は、こんどは、日本ではじめて市電の全廃にふみきるかもしれない。そのとき、五代目の子どもは、六代目をだいて、その最後の市電にのりにゆくかもしれない。あるいは、その日はもっとはやくくるだろうか。

追記

ここに予見したとおり、京都の市電はその後、一九七八年九月に全廃された。

大学と花うり

解説

左京《さきょう》区北白川《きたしらかわ》の京都大学人文科学研究所において、毎夏、研究所の外郭団体の東方学術協会主催で、夏季講座がひらかれていた。講座は一般市民に公開されて、聴講自由であった。一九五一年夏、わたしはその一日を担当し、北白川地区のおおげさにいえば「人間生態学的考察」のような話をした。原住民たる旧北白川村民と、新来者の京都大学関係者との関係を主題にしたものであったが、そのためにあらかじめ、北白川一帯の土地利用の実態調査をおこない、花畑の分布地図を作製した。調査には、京大在学中の学生諸君に手つだってもらった。

講演の概略は、『毎日新聞』に掲載された（註）。それに加筆のうえ、ここに収録した。

（註）梅棹忠夫（著）「大学と花売――二つの北白川」『毎日新聞』一九五一年七月二九日

大学族

北白川はまったくことなったふたつの社会から構成されている。第一の社会は近代的な性格をもった「大学族」である。オシャレで、お上品で、すましていて、しばしばヒソヒソ話を愛好し、深刻な顔をしたがる。つまり日本の文化人の通有性を十二分にもった部族だ。かれらの社会は各個ばらばらで、全体としての社会組織をもっていない。かれらはまもるべき特定の社会規範をもたないかわりに、近所ジュウトメのない自由ですみやすい世界をつくりあげている。ある意味で近代的だといえよう。最初かれらはたいてい年よりをともなわないで、若夫婦ふたりだけで移住した、いわば植民地的・新開地的性格なので、おもくるしい伝統的な背景をもっていない。

花うり族

いまひとつの社会は北白川旧村民だ。元来北白川には田がすくなく、ほとんどが花うり業で、約三〇〇戸のうち花うり組合員は二〇〇名もいる。かれらの社会は閉鎖的でガッチリした社会組織をもっている。村びとどうしは、おたがいに何百年もまえの先祖の時代からしりあっているともいえるあいだがらで、相互に義理、人情をつくして結合されており、その中心になるのは北白川天神さんの三つの鉾《ほこ》組による結合で、何々家はどの鉾に属するということが先祖代々きまっている。各鉾には長老たる老分《ろうぶん》各一六人がいて、最高の尊敬をうけ、指導的な立場にある。老分になるのは年長順で、うまれたときからだれのつぎはだれときまっている。したがって村びとは男の子がうまれると区役所への戸籍登録はさしおいて、さっそく長老のもとへ出産報告にゆく。この組織は土着民のみのもので、移住民はこれにふれることもできない。けっきょく古典的な日本農村の社会組織をもったふるい社会といえる。

両族の関係

大学族と花うり族はおたがいに相手を必要とせず、また相手を意識しないでも生活できる。大学族の側からいえば仏花や石は必要がない。花うり族からいえば花のお得意は大学族でなく、市内の商家や職人たちなのだ。こうして、この古典的と近代的なふたつの社会は相互に無関係に平行して存在する。現実の日本の社会の縮図だともいえる。

回顧

ふつう近郊農村が都会化するには、わりこみとおきかえによる。つまり都市の膨張によって農地がうばわれ、しだいに農村が解体するというコースをとるが、北白川の農村はこの解体作用をうけていないところに特色がある。農村としての北白川は田地がひじょうにすくない。三〇〇戸に対してわずか六〇町歩しかない。元来農業ではくえない村なので、石きりや花うり、精米など腕に職をもつようになった。現在石きりは専業はわずか一、二戸ぐらいにへってしまっているが、比叡山《ひえいざん》登山口付近から花崗岩《かこうがん》がさかんにでたころは軒なみ石屋で、京都市内の石屋組合員は大半を北白川で占めていたといわれる。石工《いしく》の収入もよかったので、一般農家とちがって田地への執着がすくないから、つぎつぎ大学族の住宅用に売却してしまった。しかし最近しだいに石の生産量が減少し、一般の需要もへってきたため、大半は花うりに商売がえしたり、市内へ転住してしまった。白川の水を利用した水車による精米などもかつては盛大だったが、いまは二、三軒だけになり、花うりに鞍《くら》がえした。けっきょく、村落は伝統的な地盤のある花うりと花の栽培に全力をそそぎ、せまい土地を最大限に利用している。

その解釈

総括的には北白川はすでに古典的都市としての京都と、古典的な近郊農村としての白川が機能的に結合をつくっていったといえる。すなわち第一次の都市化は成立していたのだ。第一次の都市化ができていたから都市に対する職業的な腕もできていたし、案外たやすく田地を手ばなしたのだともいえる。これに対し現在は第二次都市化の波がおしよせているわけで、この大学族との関係も第二次都市化途上の現象だといえよう。

今後の問題

家がふえると花畠《はなばたけ》がそれだけへり、花の基礎がおびやかされ、村としては最後の拠点があやうくなるわけだ。また反目はあるが、一面戦時中の町内会組織などによって、大学族との接触もすくなくない。徐々にではあるが、がっちりした古典的組織はゆるみつつある。古典的な日本がどのようにして近代的なものへうつってゆくか。これは日本全体の問題であり、北白川はその一実験場として今後も観察してゆかなければならない。

北白川小学校 編『北白川こども風土記』——書評

書誌と解説

京都市立北白川小学校（編）『北白川こども風土記』A5判 三七二ページ 一九五九年三月 山口書店

この本は、小学生たちの手によってあらわされたという。まことにめずらしい本である。わたし自身、この北白川小学校の区域内の居住者のひとりとして、たいへんおもしろくよんだ。依頼されて、その書評をかいた（註）。

（註）梅棹忠夫（著）「まのあたり見る新教育の成果——京都市立北白川小学校編『北白川こども風土記』」『日本読書新聞』一〇〇〇号 一九五九年五月四日

これはおどろくべき本である。子どもというものが、よい指導をえた場合にはどれほどりっぱな仕事をすることができるか、ということをしめすみごとな見本である。わたし自身この北白川地区にすむ市民のひとりであるが、自分の居住地の小学校の子どもたちが、三年もまえからこういうたいした仕事をしていたのだとは、まったくしらなかった。できあがった本をみて、ほんとうにおどろいてしまった。

北白川小学校編とあるし、題名からみても、なにか学校当局が子どもの作文集でもだしたのかというような印象をうけるのだが、内容はまったくちがう。執筆者はたしかにみんな小学生で、六〇〇枚にのぼる原稿は四八人の子どもたちがかいた。版画やさし絵も子どもたちがつくった。しかしこれは単なる子どもの作文集ではない。信頼できる内容をもった地誌であり、みごとな郷土史である。そして、興味しんしんの民俗誌でさえある。

どうしてこんな本ができたか。三年まえ、この小学校の四年生の子どもたちのなかに、郷土研究のグループができた。かれらは、ほかの子どもたちが野球をしているあいだも、こつこつと区内をあるきまわって、ふるい遺跡の土器をさがし、碑文の文字をうつしていた。風俗や伝説については、老人たちを戸別訪問して、たんねんにメモをとっていた。疑問のところはなんどもしらべなおし、最後には、作文の指導書と首っぴきでとりくんで、とうとう三年目の六年生の夏に、この原稿を完成したのであった。

「あとがき」のなかで、編集委員の先生は、「子どもとはいえ責任と自覚と熱意をもったときには、おとなもおよばないことを可能にできるものだ」とかいている。たしかに、子どもたちはよくやった。しかし、その子どもたちに、これだけの仕事をなしとげるだけの責任と自覚と熱意とをよびおこしたひとはいったいだれなのか。わたしは、社会科学習の一環として、こういう研究を企画し、子どもたちをはげましながら、根気よく指導してきた先生がたに、ふかい敬意をはらいたいとおもう。

「研究に協力した六年生のお友だち」として、二〇〇人の子どもの姓名がしるされているが、指導した先生の名はひとりもかいていない。ただ、文中に「大山先生」としてでてくるばかりで、名まえもわからない。しかし、こういう教師の教育的実践こそは、ひじょうにおおきく評価されてよいのではないだろうか。

じっさい、この協同作業に参加した子どもたちは一生このことをわすれないだろう。この経験は、かれらのこれからの人生において、とうといものとして生きつづけてゆくにちがいない。あたらしい教育の成果を、まのあたりみせられるおもいがする。

北白川というところは、たしかに地の利にもめぐまれていた。京都の東北にあり、石器時代の遺跡から、古代・中世・近世をとおして、さまざまな史跡を区内にもっていた。しかも、近年までは農村であったし、村のうつりかわりを身をもって経験してきた故老たちが、まだたくさんいる。いっぽう、あたらしく発展した住宅地として、ここには大学関係者がたくさんすんでいる。土着人と新来の移住者は、おとなたちはたがいに関係がないけれど、子どもたちは同級生だ。白川の石屋、水車屋の子が土着産業の伝統と変遷をしらべ、地理学者、考古学者の子が父親の研究室をたずね、知識をひきだす。それは子どもたちなればこそ成立した、みごとな協力作業であった。

区内にさまざまな人材がいて、この本の出版をたすけたこともさいわいであった。この学区内には出版社までそろっていたのである。

どこででも、これだけのものができるとはおもわないし、また、このゆきかただけが、社会科の学習方法であるともおもわない。しかし教師も、子どもたちも、この本をよめば、「自分たちもやってみよう」という勇気をかきたてられずにはいられないだろう。おなじようなこころみが、全国に波及することを期待する。

本書は一九八七年五月に刊行された角川選書を文庫化したものです。
文庫化にあたり、著者による加筆・訂正がありました。

梅《うめ》棹《さお》忠《ただ》夫《お》の京《きよう》都《と》案《あん》内《ない》

梅《うめ》棹《さお》忠《ただ》夫《お》

平成16年 9月25日 初版発行
令和7年 7月25日 22版発行

発行者●山下直久

発行●株式会社KADOKAWA
〒102-8177 東京都千代田区富士見2-13-3
電話 0570-002-301（ナビダイヤル）

角川文庫 13501

印刷所●株式会社KADOKAWA
製本所●株式会社KADOKAWA

表紙画●和田三造

ISBN978-4-04-376401-3 C0195

◆◇◇

角川文庫発刊に際して

角川源義

第二次世界大戦の敗北は、軍事力の敗北であった以上に、私たちの若い文化力の敗退であった。私たちの文化が戦争に対して如何に無力であり、単なるあだ花に過ぎなかったかを、私たちは身を以て体験し痛感した。西洋近代文化の摂取にとって、明治以後八十年の歳月は決して短かすぎたとは言えない。にもかかわらず、近代文化の伝統を確立し、自由な批判と柔軟な良識に富む文化層として自らを形成することに私たちは失敗して来た。そしてこれは、各層への文化の普及滲透を任務とする出版人の責任でもあった。

一九四五年以来、私たちは再び振出しに戻り、第一歩から踏み出すことを余儀なくされた。これは大きな不幸ではあるが、反面、これまでの混沌・未熟・歪曲の中にあった我が国の文化に秩序と確たる基礎を齎らすためには絶好の機会でもある。角川書店は、このような祖国の文化的危機にあたり、微力をも顧みず再建の礎石たるべき抱負と決意とをもって出発したが、ここに創立以来の念願を果すべく角川文庫を発刊する。これまで刊行されたあらゆる全集叢書文庫類の長所と短所とを検討し、古今東西の不朽の典籍を、良心的編集のもとに、廉価に、そして書架にふさわしい美本として、多くのひとびとに提供しようとする。しかし私たちは徒らに百科全書的な知識のジレッタントを作ることを目的とせず、あくまで祖国の文化に秩序と再建への道を示し、この文庫を角川書店の栄ある事業として、今後永久に継続発展せしめ、学芸と教養との殿堂として大成せんことを期したい。多くの読書子の愛情ある忠言と支持とによって、この希望と抱負とを完遂せしめられんことを願う。

一九四九年五月三日